Der jüdische Galerist Paul Rosenberg zählte zu den bedeutendsten Kunsthändlern des 20. Jahrhunderts. Zu den Künstlern unterhielt der leidenschaftliche Kenner, der »seine Bilder liebt wie lebendige Wesen«, enge persönliche Beziehungen: Picasso malte Porträts seiner Familie; Braque und Leger gingen in der Galerie Rue La Boétie 21 ein und aus – bis die Nazis die bedeutende Sammlung moderner Kunst plünderten und den Ort zum Zentrum ihrer Hetzpropaganda machten.

Die französische Starjournalistin ANNE SINCLAIR ist die Enkelin des berühmten Kunsthändlers und Galeristen Paul Rosenberg. Fünfzehn Jahre lang moderierte sie die populäre und mehrfach preisgekrönte Fernseh-Interviewsendung Sept sur Sept. Anne Sinclair ist Autorin mehrerer Bücher und leitet die französische Ausgabe der Huffington Post.

Anne Sinclair

Lieber Picasso, wo bleiben meine Harlekine?

Mein Großvater,
der Kunsthändler Paul Rosenberg

*Aus dem Französischen
von Barbara Heber-Schärer*

btb

Für meine Mutter Micheline Rosenberg-Sinclair

INHALT

PROLOG

EIN REGENTAG ANFANG 2010. Wegen einer Demonstration ist mein Viertel von der Polizei gesperrt, die Umgebung der Bastille ist unpassierbar, und ich kann mein Auto nicht einfach stehen lassen. Endlich vor einem Polizeikordon angekommen, der den Boulevard Beaumarchais abriegelt, lasse ich mein Fenster herunter und frage den regenüberströmten Polizisten, ob ich wie die anderen Anwohner durchfahren darf. »Ihre Papiere«, bittet er müde. Ich bin gerade erst umgezogen, die neue Adresse ist weder in meinem Führerschein noch in meinem Personalausweis eingetragen. Er bedauert, mein Wort allein genüge nicht. Ich brauche eine Wohnsitzbescheinigung. Ich kann nicht nach Hause zurück.

Kurz darauf schreibe ich nach Nantes an das Amt, das die Geburtsurkunden für im Ausland geborene Franzosen ausstellt, und sobald ich das Dokument in Händen habe, gehe ich zur Polizeipräfektur, um die nötigen Papiere vorzuzeigen: den gewünschten Auszug aus dem Geburtsregister und meinen erst vor Kurzem erneuerten Personalausweis, der noch sieben Jahre gültig ist.

Lange Warteschlange, Ticket am Eingang, ich ziehe eine Nummer und betrachte in den anderthalb Stunden Wartezeit all die Leute, die hier für ihre Personalausweise oder Pässe anstehen. Ich sehe auch, wie die müden, zu wenigen Angestellten mit den verloren wirkenden Gesuchstellern umspringen. »Madame, wir müssen schließlich wissen, ob Sie aus Guadeloupe sind oder nicht!«, fährt man eine alte Dame an, in einem Ton, in dem man wohl kaum gefragt hätte: »Aus welchem Departement kommen Sie?«

Ich bin an der Reihe und ziehe die geforderten Dokumente aus meiner Mappe. Der Herr-hinter-dem-Schalter äußert sein Erstaunen, dass ich im Ausland geboren bin. Ich antworte, dass ich tatsächlich in New York, also ganz offensichtlich im Ausland zur Welt gekommen bin, weshalb meine Papiere von dem Amt in Nantes ausgestellt wurden. Da verlangt er die Geburtsurkunden meiner Eltern. Ich erspare ihm ihre Geschichte und warum sie sich nach der Entlassung meines Vaters aus den Freien Französischen Streitkräften de Gaulles in New York begegnet sind; ich verkneife mir auch, zu erklären, dass ich dort nur zufällig geboren wurde und schon mit zwei Jahren mit meiner Familie nach Frankreich kam, um dort den Rest meines Lebens zu verbringen – um ein Haar hätte ich nach Entschuldigungen gesucht, nicht auf französischem Boden geboren zu sein …

Stattdessen äußere ich mein Erstaunen über seine beharrliche Forderung nach den Geburtsurkunden meiner Eltern. Auf der meinen, sage ich, steht doch – schauen Sie, Monsieur –, dass Anne S. die Tochter von Robert S. und Micheline R. ist, beide in Paris geboren. Also bin ich schon durch Abstammung Französin. Dann führe ich meinen vor drei Jahren ausgestellten und bis 2017 gültigen Personalausweis ins Feld. Sollten die Behörden plötzlich Zweifel an seiner Rechtmäßigkeit haben, sei es an ihnen, Beweise zu erbringen.

Aber er besteht darauf: Diese Papiere sind nach den neuen

Richtlinien von 2009 für jeden Staatsbürger erforderlich, der sein »Franzosentum« beweisen wolle.

»Sind Ihre vier Großeltern Franzosen?«, fragt der Herr-hinter-dem-Schalter.

Ich fürchte, ihn falsch verstanden zu haben, und bitte ihn, die Frage zu wiederholen.

»Sind Ihre vier Großeltern in Frankreich geboren oder nicht?«

»Das letzte Mal, als man derartige Fragen gestellt hat, ließ man die Menschen anschließend in einen Zug nach Drancy steigen!«, sage ich erstickt.

»Wie? Was für einen Zug? Wovon reden Sie? Ich sage Ihnen noch einmal, dass ich dieses Dokument brauche, kommen Sie erst wieder, wenn Sie es haben.« Und er entlässt mich grob, indem er meine Mappe zu mir schubst, die, wie es der Zufall will, auch noch gelb ist ...

Sinnlos, diesem Beamten eine Nachhilfestunde in Geschichte zu geben, da ihm die Vichy-Gesetze nichts sagen und ihm auch keiner der für diese neuen Richtlinien Verantwortlichen erklärt hat, dass man Formulierungen, die an unselige Zeiten erinnern, besser vermeiden sollte.

Erbittert gehe ich. Ohne es diesem pflichtbewussten Beamten wirklich übel zu nehmen, aber mit dem Gefühl, dass meine Geburt verdächtig ist, als gäbe es zwei Kategorien von Franzosen und einige wären es mehr als andere. Dann fällt mir auf, wie absurd das alles ist, hatten mir doch vor Jahren die französischen Bürgermeister in Unkenntnis dieses hässlichen Zweifels an meiner Herkunft die Ehre erwiesen, mein Bildnis als Verkörperung der nationalen Symbolfigur »Marianne« eine Zeit lang in ihrem Rathaus thronen zu lassen.

Es geht nicht einfach um bürokratische Schikanen. Was

mich alarmiert, ist die Wiederbelebung der ungesunden Debatte über die »nationale Identität«, die Frankreich vergiftet.

Der Vorfall erinnert mich an eine Geschichte aus meiner Jugend. Ende der Siebziger-, Anfang der Achtzigerjahre kamen nach und nach die Details der Shoah ans Licht, insbesondere die Beteiligung des Vichy-Regimes an der »Endlösung«. Der frühere Generalkommissar für Judenfragen, Darquier de Pellepoix, der in Spanien im Exil lebte, behauptete gar in einem *Express*-Interview ohne einen Hauch von Reue, man habe »in Auschwitz nur Flöhe vergast«. Dieses Interview gab Serge Klarsfeld den Anstoß zu seinen Nachforschungen und Klagen wegen Verbrechen gegen die Menschlichkeit, zuallererst – noch vor der Klage gegen Maurice Papon – gegen René Bousquet, den Generalsekretär der Polizei des Vichy-Regimes. In dieser Zeit erschienen viele Bücher zu diesem Thema, allen voran das der amerikanischen Historiker Michael Marrus und Robert Paxton, *Vichy France and the Jews**. Erst Forschungen ausländischer Historiker hatten für Aufklärung über die Rolle der Vichy-Regierung bei der Verhaftung und Deportation der Juden in Frankreich sorgen müssen! Damit begannen die großen Enthüllungen über diese finsteren Jahre. Gleichzeitig meldeten sich vermehrt Revisionisten wie Robert Faurisson zu Wort, der seither in Frankreich mehrfach wegen »Leugnung von Verbrechen gegen die Menschlichkeit« verurteilt wurde.

Zwanzig Jahre zuvor hatten meine Eltern eine alte Scheune in Fleury-en-Bière im Departement Seine-et-Marne als Wochenendhaus herrichten lassen.

---

* Michael Marrus, Robert Paxton, *Vichy France and the Jews,* wiederaufgelegt Stanford 1995. Die frz. Übersetzung (*Vichy et les juifs*) erschien zuerst 1981 in Paris.

Mein Vater, der in der Kosmetikindustrie arbeitete, war froh, in diesem Dorf einen Kollegen zu treffen, Jean Leguay, Chef der Firma Gemey, die heute zur L'Oréal-Gruppe gehört.

Jean Leguay und mein Vater spielten gelegentlich zusammen Golf in Fontainebleau. Leguay kam oft zum Kaffee zu uns, in Begleitung seiner Frau Minouchette – für mich damals der Inbegriff des Snobismus des XVI. Arrondissements. Sie erzählte gern, sie hätte ihr Haus in diesem Dreihundert-Seelen-Dorf in »Dior-Grau« streichen lassen. Doch so eitel und dumm Minouchette war, so sympathisch und intelligent wirkte ihr Mann. Mein Vater schätzte seine Gesellschaft, und ich lief ihnen manchmal den ganzen Golfparcours nach, voller Freude, mit meinem Papa spazieren zu gehen.

Jean Leguay hatte das glatte Gesicht und den rosigen Teint eines Menschen, der gut schläft. Meine Mutter, immer in Sorge um meinen Vater, dessen Teint blass, manchmal sogar fahl war, hielt ihm Jean Leguay als Musterbeispiel für Gesundheit und Wohlbefinden – und ein gutes Gewissen vor.

Doch schon ein paar Jahre vor den neuen Büchern über die Mitwirkung der Vichy-Regierung an der Judenpolitik Nazi-Deutschlands war ein Buch von Claude Lévy und Paul Tillard mit dem Titel *La Grande Rafle du Vél d'Hiv** erschienen. Was dort geschah, wissen die Franzosen inzwischen, insbesondere seit der Rede von Jacques Chirac am 16. Juli 1995, in der er die Verantwortung Frankreichs und seiner Behörden für die Deportation der Juden anerkannte. Seither haben viele Bücher und Filme dafür gesorgt, dass die Fakten allgemein bekannt sind. Doch Ende der Sechzigerjahre wirbelte die Veröffent-

* dt.: *Der schwarze Donnerstag: Kollaboration und Endlösung in Frankreich*, Freiburg und Olten 1968

lichung von Auszügen aus *La Grande Rafle du Vél d'Hiv* im *Nouvel Observateur* noch viel Staub auf.

Darin ging es auch um einen gewissen Leguay, dessen Vorname nicht genannt wurde. Er war von René Bousquet in die besetzte Zone entsandt worden und korrespondierte als Präfekt regelmäßig mit seinen Kollegen über praktische Fragen bei der Verhaftung der Juden. Er war an den Planungen und Vorbereitungstreffen für die Razzien im Juli 1942 beteiligt und leitete auch die Überstellung von Juden aus der freien Zone nach Drancy.

Wie Bousquet, der lange von seinen politischen Freunden gedeckt wurde, und wie Maurice Papon, der einzige hohe Vichy-Beamte, der in den letzten zwanzig Jahren verurteilt worden ist, war Jean Leguay ein finsterer Geselle, dessen Machenschaften lange im Dunkeln geblieben sind – wie die vieler Kollaborateure, deren Vergangenheit erst spät ans Licht kam.

Aber damals hätte ich auch jeden beschimpft, der mir erzählt hätte, dass siebenundzwanzig Jahre später ein Buch – mit Einverständnis des Hauptbetroffenen – die dunklen Jahre eines Mannes enthüllen würde, der mittlerweile französischer Präsident geworden war, François Mitterrand. Als Studentin am Institut de Sciences Politiques in Paris hatte ich in den Siebzigerjahren sogar handfeste Auseinandersetzungen mit den »majos« (den damals tonangebenden rechten Studentenvertretern des Instituts) gehabt, die im Gegensatz zu uns, den linken »minos«, behaupteten – leider zu Recht –, dass Mitterrand mit dem Orden des Vichy-Regimes, der Francisque, ausgezeichnet worden war, die Pétains besondere Wertschätzung ausdrückte!

In diesem Buch, *Une jeunesse française*[1], erzählt Pierre Péan die zwielichtige Geschichte von Mitterrand und seinen alten Freunden, von ihrer dunklen Vergangenheit. Aber was mich erschütterte, war nicht die Enthüllung der schwarzen Flecken im Leben eines Vichy nahestehenden François Mitterrand, der später zu dem aktiven Widerständler François Morland wurde, sondern die Fortdauer seiner nie widerrufenen zweifelhaften Freundschaften. Seine Verbindung zu Bousquet vor allem, die vom Präsidenten selbst bestätigt und durch Privatfotos in Mitterrands Haus bezeugt wurde, als Bousquet seine verschiedenen Kampagnen finanzierte. Und die ebenso belastende Nähe zu Jean-Paul Martin, Mitglied des ehemaligen rechtsextremen Geheimbunds La Cagoule, bei dessen Begräbnis 1986 der Sarg auf Anordnung des amtierenden Präsidenten der Republik Frankreich mit der französischen Fahne bedeckt wurde!

Für mich gibt es ein vor und ein nach 1994. Ich war dem ehemaligen Präsidenten nach wie vor dankbar, dass er die Linke von dem Fluch befreit hatte, der sie am Regieren hinderte, und bewunderte ihn für seine Europapolitik. Aber den Glauben an die Aufrichtigkeit seines Engagements habe ich für immer verloren, ich hatte das Gefühl, verraten worden zu sein. Und diese Empörung, die Erschütterung meiner Überzeugungen, die Vergangenheit eines gewissen Frankreich, das für mich niemals *la France éternelle,* das ewige Frankreich sein wird, »vergehen nicht«,[2] sie waren prägend für mich.

---

1 dt.: Pierre Péan, *Eine französische Jugend,* München 1995
2 Dem Titel des Buchs von Eric Conan und Henry Rousso entlehnt, *Vichy, un passé qui ne passe pas* (Vichy, eine Vergangenheit, die nicht vergeht), Paris 1994.

Auf meinen Vater wirkten die Enthüllungen über die Razzia des Vél d'Hiv wie eine Bombe. Umso mehr, als sein Vater, der den gelben Stern trug, bevor er sich unter dem Namen Sabatier versteckte, von der Concierge des Hauses, in das er sich mit meiner Großmutter geflüchtet hatte, denunziert, von der französischen Polizei verhaftet und in Drancy interniert worden war.

Obwohl es hier um die Geschichte der Familie meiner Mutter geht, möchte ich an dieser Stelle doch auch kurz der Mutter meines Vaters gedenken. Marguerite Schwartz gelang es – wohl dank eines französischen Offiziers, der Zutritt zum Lager Drancy hatte –, als Krankenschwester verkleidet, mit einem geliehenen Rotkreuz-Wagen und falschen Papieren ausgestattet, meinen Großvater aus diesem Vorraum der Deportation herauszuholen. Von der langen Misshandlung im Lager stark geschwächt und schwer krank, starb er später zu Hause in seinem Bett statt in der Gaskammer in Auschwitz, für die ihn der nächste Transport bestimmt hatte.

An diesem Tag im Jahr 1967 nun konnte mein Vater kaum glauben, dass der für die Deportationen Verantwortliche derselbe Leguay war, der am Wochenende zuvor noch als Freund mit ihm Tee getrunken hatte.

Mit der Fotokopie eines Briefs, den der fragliche Leguay an die Deutschen geschrieben und den mein Vater im Centre de documentation juive contemporaine* gefunden hatte, begab er sich zum Verband der französischen Kosmetikindustrie, dessen Mitglied er war, und bat den Vorsitzenden, ihm ein berufliches

---

* Im Zweiten Weltkrieg heimlich gegründet und heute integraler Bestandteil des Mémorial de la Shoah in Paris. (A.d.Ü.)

Schreiben von Jean Leguay, dem Chef der Firma Gemey, zu zeigen. Beim Vergleich der Dokumente erblasste mein Vater: Die beiden Unterschriften waren identisch. Da erzählte er, was er über den Mann wusste, und verlangte seinen Ausschluss. Verlegene Ablehnung des Vorsitzenden. Nicht sehr mutig zweifelsohne, aber damals war man für dieses Thema noch nicht sensibilisiert und weit entfernt von dem Willen der heutigen Deutschen, ihre Vergangenheit vollständig offenzulegen. Die Angst vor einem Skandal war stärker als alles andere.

Daraufhin trat mein Vater selbst aus dem Verband aus, teilte Leguay in einem Brief mit, was er über ihn erfahren hatte, und bat ihn, künftig in Fleury-en-Bière die Straßenseite zu wechseln, damit er ihm nie mehr begegnen müsse. Leguay schickte ihm postwendend den Beschluss des Obersten Gerichtshofs von 1949, der ihn vollkommen reinwusch, wie das auch bei Bousquet und vielen anderen geschehen war.

Nebenbei gesagt: Gemey wurde damals von L'Oréal aufgekauft, einer Firma, von der man weiß, dass sie früher bekannte Kollaborateure beschäftigt hat: Jean Filliol (der vor dem Krieg versucht hatte, Léon Blum zu ermorden) war bei der Befreiung nach Spanien geflohen, wo er die spanische Niederlassung von L'Oréal leitete, und wurde in Abwesenheit zum Tode verurteilt, u.a. wegen Beihilfe zum Massaker von Oradour-sur-Glane durch die Nazidivision *Das Reich*. Ein anderer leitender Angestellter von L'Oréal, Jacques Corrèze, war früher einer der Hauptverantwortlichen im Geheimbund La Cagoule von Eugène Deloncle, der von Eugène Schueller, dem Vater von Liliane Bettencourt, finanziert wurde. Jacques Corrèze war schon 1941 der LVF beigetreten, der Legion der französischen Freiwilligen gegen den Bolschewismus, die aufseiten der Nazis kämpfte, und später der Division Charlemagne, jener Waffen-SS-Division, die überwiegend aus französischen Freiwilligen bestand. 1948 zu zehn Jahren Gefängnis verurteilt, wurde er ein Jahr später entlassen und sofort von Schueller eingestellt, der ihn als Chef der dortigen Filiale nach Amerika schickte. 1959 amnestiert und in den Sechzigerjahren rehabilitiert, starb er 1991 in Paris, während das amerikanische Office of Special Investigations (OSS) wegen möglicher Kriegsverbrechen gegen ihn ermittelte.

Die Affäre Bettencourt, die freilich nichts mit dieser Vorgeschichte zu tun hat, hat vor Kurzem auch die Vergangenheit und die Freundschaften des Firmengründers Schueller wieder in die Schlagzeilen gebracht.

Das von Serge Klarsfeld zusammengestellte Dossier ermöglichte es der Justiz, Jean Leguay wegen Verbrechen gegen die Menschlichkeit anzuklagen. Ich erinnere mich, dass ich meinen Vater zu der Pressekonferenz mitnahm, auf der Klarsfeld bekannt gab, dass die Klagen gegen Bousquet und Leguay für zulässig erklärt worden waren. Das war 1979. Mein Vater, der genauso alt war wie Leguay, aber 1980 mit einundsiebzig Jahren relativ jung starb, hatte mir beim Verlassen von Klarsfelds Büro gesagt: »Du wirst sehen, er wird nach mir und friedlich in seinem Bett sterben.« In der Tat starb Jean Leguay 1989 vor der Eröffnung seines Prozesses. Immerhin stand im richterlichen Einstellungsbeschluss des hinfällig gewordenen Verfahrens ausdrücklich, dass »die Informationen es erlaubten, (…) seine Beteiligung an Verbrechen gegen die Menschlichkeit festzustellen«.

So harmlos die Episode in der Polizeipräfektur auch war, die dort gestellten Fragen nach meiner Identität weckten eine Flut von Familienerinnerungen.

Jahrelang hatte ich mich geweigert, mir die Geschichten aus der Vergangenheit anzuhören, die meine Mutter wieder und wieder erzählte. Nicht um irgendeinen Abscheu vor der Familie zu demonstrieren, sondern weil die Geschichte meiner Großeltern, die ich zu kennen glaubte, nicht die meine war, nicht mein Leben betraf. Offen gestanden langweilte sie mich auch ein wenig. Ich interessierte mich für Politik und Journalismus, die Anliegen meines Vaters waren mir näher als die meiner Mutter. Meines Vaters, der während des Krieges für das Freie Frankreich im Nahen Osten war; meines Vaters, der im Auftrag von General de Gaulle unter dem Namen Jacques Breton Journalist bei Radio Beirut war; meines Vaters, der mir stolz die Agenturmeldung zeigte, in der Goebbels den »Juden Sinclair«, wie er auf gut Glück, aber richtig riet, verunglimpfte und zum Tod verurteilte. Meines Vaters, der nach der Befreiung nach Paris zurückkehrte, um seinen Vater wiederzusehen, der seit Drancy schwer krank war und kurz darauf starb.

Auch wenn mein Vater dann eine Laufbahn als Manager eines Industrieunternehmens einschlug, die meilenweit von meinen eigenen Interessen entfernt war, waren mir doch seine in Tagebüchern festgehaltenen Kriegserinnerungen näher als die meiner Familie mütterlicherseits, die noch dazu dieser Kunsthändler-Großvater überstrahlte, den ich kaum kannte, denn als er starb, war ich erst elf. Kurz, ich stand insgeheim aufseiten meines »Heldenvaters«, der sich gutmütig über »Meine-Mutter-die-den-Krieg-in-der-Fifth-Avenue-erlebt-hat« lustig machte!

Mein Vater, Robert Sinclair, hieß in seiner Jugend Robert Schwartz. 1939 wurde er eingezogen und als einfacher Soldat zum Wetterdienst an die Front geschickt. Er war auf einem Grenzposten (an der Maginot-Linie?) und spielte mit einem Kameraden auf einem anderen strategischen Posten Schach, jeden Tag einen Zug, den sie sich bei ihren täglichen telefonischen Wetterberichten von der Front durchgaben. Sie warteten auf die Tataren, die nie kamen, sondern diese so vorhersehbare Verteidigungslinie einfach umgingen.

In dieser Zeit hat sich mein Vater so viele pseudowissenschaftliche Kenntnisse über Gewitterwolken angeeignet, dass er uns bei jedem drohenden Regenguss mit Erklärungen traktierte, die des Petit Larousse würdig waren. Wahrscheinlicher ist, dass er damals – wie in dem später mit Fernandel verfilmten Comic *Adamaï aviateur* – beim Ziehen seines Turms oder Springers einfach nur die Hand ausstreckte und seinem Kollegen mitteilte: »Es regnet«, worauf der antwortete: »Hier auch.«

Fest steht, dass er, demobilisiert wie alle französischen Soldaten, die nicht in Gefangenschaft gerieten, und nach Paris zurückgekehrt, beim Anblick der Hakenkreuzfahnen auf den Champs-Élysées wie viele andere in Tränen ausbrach. Er musste an den 11. November 1918 denken, als er dort als Neunjähriger mit seiner Mutter den siegreichen Truppen von Marschall Foch zujubelte.

Da beschloss er, sich zu engagieren.

Da er nichts von den geheimen Verbindungen nach England wusste, erreichte er auf verschlungenen Wegen die Vereinigten Staaten, wo er sich den Streitkräften des Freien Frankreich anschloss, die ihn in den Nahen Osten schickten, nach Damaskus, Beirut und Kairo.

Bevor er das Schiff bestieg, das ihn ohne Beleuchtung, um dem Feind zu entwischen, durch den Atlantik und den Indischen Ozean dorthin brachte, erklärte man ihm, dass die Deutschen die Familiennamen aller französischen Offiziere kannten, die für de Gaulle kämpften und deren Familien in Frankreich geblieben waren. Um die Seinen zu schützen, musste er seinen Namen ändern. Da er dieselben Initialen behalten wollte, schlug er das New Yorker Telefonbuch beim Buchstaben S auf und stieß auf den typisch irischen Namen Sinclair, der in den USA so verbreitet ist wie bei uns Martin oder Dupont.

Ich war ihm immer ein bisschen böse, dass er den Namen nach dem Krieg behielt und später legalisieren ließ, damit verloren wir doch einen Teil unserer Identität. Aber unter diesem Kampfnamen war er bekannt geworden, er trug ihn stolz und wollte wohl auch seinen Nachkommen – seiner Tochter Anne zum Beispiel – die Gefahren ersparen, die ein jüdischer Name über seine Familie gebracht hatte.

Viele Kriegstraumatisierte haben nach der Befreiung ähnlich gehandelt, aber ich muss gestehen, dass ich diesen Namenswechsel immer als eine Art Verleugnung empfunden habe. Wahrscheinlich habe ich mich schon deshalb sehr früh zu meiner Identität als Jüdin bekannt. Deshalb auch haben mich die Leute erbittert, die dem Front National durch eine Änderung des Verhältniswahlrechts zur politischen Existenz verhalfen. Deshalb auch habe ich verbissen dagegen gekämpft, dass die Medien in den Achtzigerjahren dem FN großzügig Raum gaben, und mich dreizehn Jahre lang geweigert, Jean-Marie Le Pen in meiner Sendung *Sept sur sept* zu empfangen. Ein sinnloser und verlorener Kampf, wie sich am 21. April 2002 und in den folgenden Jahren gezeigt hat.

In meiner Jugend war ich also empfänglicher für die Geschichte meiner Großeltern väterlicherseits als für das Los derer, die sich, von den Nazis gesucht, zur Flucht entschlossen hatten und enteignet, ausgeplündert und ihrer Nationalität beraubt worden waren. Zudem wollte ich mir mein eigenes Leben aufbauen, ich zog das Fernsehen den Galerien vor, das öffentliche Leben war mir wichtiger als die Kunst, alte Zeitungen lieber als alte Gemälde.

Vor fünf Jahren starb dann meine Mutter. Und wie immer beim Tod eines Elternteils kehrte als Gewissensbiss all das zurück, was man zu fragen unterlassen hat oder nicht wissen wollte, ob aus Trägheit oder Überdruss, wieder und wieder dieselben Geschichten zu hören. Ich leerte die Schränke, die voller verstaubter Erinnerungen waren, fand alte Schlüsselbunde, abgetragene, altmodische Stolen, Familienfotos, seit Jahrzehnten angesammelte Stapel von Papier.

Dann wurde ich sechzig und lebte bis vor Kurzem in den USA, einem Land, das mich ständig an meine Kindheit und den Teil der Familie erinnerte, der dort Zuflucht gefunden hatte. Und nun riefen mir die französischen Behörden, indem sie mit gefährlichen Begriffen spielten, ins Gedächtnis, dass die französische Nationalität nicht selbstverständlich ist, auch wenn man sie immer gehabt hat. Dass sie sogar für die, die sie haben, unsicher ist, und schwer zu erlangen für all jene, die sie erhalten möchten. Und dass all dies in meiner Familie nicht zum ersten Mal passiert.

Jetzt sah ich, dass ich mir nicht einmal die Zeit genommen hatte, die Kartons aus der Wohnung meiner Mutter auszupacken, ich hatte sie in einem Schrank gestapelt. Sie waren voller Briefe und alter Akten, die ich zusammengerafft hatte, ohne auch nur auf die Idee zu kommen, sie mir näher anzuschauen.

Fast wider Willen begann ich nun, mich in das Familienarchiv zu vertiefen, auf der Suche nach meinen Wurzeln und denen der Familie meiner Mutter.* Ich wollte verstehen, wer ihr Vater, mein Großvater, war, der als leidenschaftlicher Verfechter der neuen Malerei so große Anerkennung gefunden hatte, doch während des Zweiten Weltkriegs zum Paria wurde. Und so entstand der Wunsch, die einzelnen Teile dieser von Kunst und Krieg geprägten Familiengeschichte wieder zusammenzufügen. Mich auf die Suche nach diesem Großvater zu machen.

Ich bin die Enkelin eines Herrn, der Paul Rosenberg hieß und in Paris wohnte, in der Rue La Boétie 21.

---

* Unter den vergilbten Papieren entdeckte ich auch meine Original-Geburtsurkunde, nicht den von den Ämtern verlangten Auszug. Was hätte der Schalterbeamte der Präfektur – der immerhin den Anstoß zu diesem Buch gegeben hat – erst gesagt, wenn er gesehen hätte, dass ich als »Anne Schwartz, genannt Sinclair« geboren bin und dieser Personenstand erst 1949, als ich ein Jahr alt war, mit Beschluss des Staatsrats geändert wurde?

RUE LA BOÉTIE

NUMMER 21. Hundertmal bin ich daran vorbeigegangen. Meine Mutter zeigte mir gern die Fassade aus den Dreißigerjahren mit ihren Blendarkaden aus behauenem Stein. Ich hatte dort Boutiquen und eine Pizzeria bemerkt, war aber nie stehen geblieben.

Was soll ich an diesem Apriltag des Jahres 2010, da mich die aus den Kartons aufgetauchten Dokumente verfolgen, anderes tun? Aber siebzig Jahre nachdem die Bewohner, um die es mir geht, diesen Ort verlassen haben, will ich sehen, ohne freilich zu wissen, was genau.

Heute befindet sich dort eine Niederlassung der Firma Veolia. Ich rufe an: »Meine Großeltern haben in dem Haus gelebt, ich würde gerne einen Blick hineinwerfen, oh, nur einen Blick, ich will nicht stören, sicher hat sich alles sehr verändert, das war vor dem Krieg, wahrscheinlich ist gar nichts mehr übrig, und wenn es nicht geht, ist es auch nicht schlimm!« Als hätte ich Angst, dass man mir diesen Besuch gestattet …

Man hat ihn mir nicht verwehrt. Warum auch? An diesem Mittwoch im April 2010 also gehe ich zu Veolia in der Rue La Boétie 21 und erzähle meine Geschichte. Verständnisvoll und gerührt (aber doch etwas erstaunt, dass ich erst mit über sechzig plötzlich Lust auf diesen Besuch hatte) führen mich meine Gastgeber höflich durch die Räume.

Die Eingangshalle ist unterteilt worden, es bleiben Säulen mit korinthischen Kapitellen aus weißem Stuck, die ich ziemlich geschmacklos finde – stammen sie von damals? –, und der Marmorfußboden in schwarz-weißem Schachbrettmuster. Aber es ist unmöglich festzustellen, an welcher Stelle der Eingangshalle sich die von Braque entworfenen Marmorplatten (er überwachte auch die Ausführung) befanden, die früher in den Fußboden eingelassen waren und nach dem Krieg herausgenommen und in niedrige Tische umgearbeitet wurden.

Alles ist umgebaut und modernisiert, die Räume, ja selbst ihre Größe haben sich verändert. An den Decken Spots aus dem neuen Jahrtausend. Unversehrt ist die Treppe in die oberen Stockwerke, die einstigen Wohnräume. Das altmodische Geländer der Pariser Treppenhäuser vom Anfang des 20. Jahrhunderts ist noch da, aber statt des einstigen offenen Aufzugsgehäuses wurde ein Lift nach heutiger Norm eingebaut. Dagegen scheint die Treppe innerhalb der Galerie mit ihrem schmiedeeisernen Geländer noch aus den Dreißigerjahren zu stammen, als mein Großvater eine längere Renovierung vornehmen ließ. In den Fußboden im ersten Stock sind rundgeschliffene gelbe Mosaiksteinchen eingelassen. Die Treppe zwischen Erdgeschoss und erstem Stock schmücken mit Facettenspiegeln verblendete Arkadenbögen, Repliken derer an der Fassade.

Ich betrete den großen Saal im Erdgeschoss, den ich nach den Fotos wiedererkenne, die ich bei meinem Großvater gesehen habe. Hier fanden alle Ausstellungen in der Rue La Boétie statt, an den Wänden hingen einen Monat lang Bilder von Braque, im nächsten von Matisse und im dritten von Picasso. Jetzt heißt er »Mississippi-Saal« und dient als Versammlungsraum der leitenden Angestellten von Veolia. Das Parkett aus schmalen Eichenlamellen ist unverändert. Und ich erkenne sofort die Täfelungen von den Fotos wieder. Ebenso die verglaste Decke, die wie in vielen Galerien damals ein gedämpftes Licht verbreitete, das die eckigen Linien der kubistischen Bilder abmilderte.

Wenn ich die Augen halb schließe, sehe ich sie an den Wänden, die großen Gemälde der Zwanziger- und Dreißigerjahre. Wenig später wurden sie in ebendiesen Räumen vom Porträt Marschall Pétains abgelöst…

1927 beschrieb der bekannte Kunstkritiker, -sammler und -verleger griechischer Herkunft, Tériade, in den *Feuilles volantes*, der Beilage der Zeitschrift *Cahiers d'Art*, die Galerie Rosenberg folgendermaßen: »Nun stehen wir in einem riesigen Raum mit hoher Decke, schmucklosen Wänden und nüchternem Licht, einem Raum, in dem die dunkelbraunen Vorhänge zur Meditation einladen und die beiden einzigen, mit dunklem Samt bezogenen Sessel Ihnen die Arme entgegenstrecken wie zwei Inquisitionsrichter; nein, sie strecken sich Ihnen nicht entgegen, sondern packen Sie an der Gurgel. So rücken die Meisterwerke uns näher. Stürme der Einsamkeit und Nüchternheit wehen durch diesen Raum, und Sie beginnen die Inexistenz zu schätzen, die Inexistenz von allem außer der gemalten Fläche. (…) Paul Rosenberg ist schwarz gekleidet. Er hat das ausdrucksvolle Gesicht eines Asketen oder passionierten Geschäftsmanns.«*

Eine andere Beschreibung der Räumlichkeiten, nicht ohne Pikanterie, wenn man den Autor kennt, den rechtsextremen

---

* *Cahiers d'Art* Nr. 10, 1927

Schriftsteller Maurice Sachs – der sich später als Jude, Homo-sexueller und Kollaborateur definierte, bevor ihn die Deut-schen, denen er gedient hatte, durch Genickschuss umbrach-ten: »Sein Auftreten als Grandseigneur war Teil seines eigentümlichen Genies (…) Sie treten bei Rosenberg ein wie in einen Tempel: Die tiefen Ledersessel, die mit roter Seide be-spannten Wände machen Sie glauben, Sie befänden sich in ei-nem gut geführten Museum. (…) Er verstand es, den von ihm geförderten Malern außergewöhnlichen Glanz zu verleihen. Er besaß eine tiefere Kenntnis der Malerei als seine Kollegen und einen sehr sicheren Geschmack.«*

Paul, der die väterliche Galerie 1905 mit seinem älteren Bru-der Léonce zusammen übernommen hatte, trennte sich 1910 von ihm und zog allein in die Rue La Boétie 21. Das Erdge-schoss war seiner beruflichen Tätigkeit vorbehalten, in den obe-ren Stockwerken befanden sich seine eigene Wohnung und die seiner Mutter. Im Zwischengeschoss hingen die älteren Maler, die zeitgenössischen im Erdgeschoss. Besucher, die bei den Bil-dern von Braque oder Léger zögerten, lud er ein, ein paar Stu-fen hinaufzusteigen, und zeigte ihnen die weicheren Linien der Gemälde von Degas, Renoir oder Rodin. Er hoffte sie zu ver-kaufen, um mit dem Erlös seine geliebten Unbekannten zu fördern, etwa Picasso oder Marie Laurencin, die Muse von Apollinaire und die erste Malerin, mit der Paul einen Exklu-sivvertrag abschloss (von 1913 bis 1940). 1918 kam Picasso hinzu, 1923 Braque, 1926 Léger und 1936 Matisse.

1912, kaum installiert, verschickte Paul wie jeder Händler

* Zitiert nach Pierre Nahon, *Les Marchands d'art en France, XIX et XX siècles*, Paris 1998.

zur Geschäftseröffnung ein Rundschreiben mit seinem Programm: »Demnächst eröffne ich in der Rue La Boétie 21 eine neue Galerie moderner Kunst, in der ich periodische Ausstellungen der Meister des 19. Jahrhunderts und zeitgenössischer Maler zu veranstalten gedenke. Da ich es für einen Fehler heutiger Ausstellungen halte, das Werk eines Künstlers isoliert zu zeigen, beabsichtige ich, in meine Ausstellungen alle dekorativen Künste einzubeziehen (…) Ich werde meine Räume nicht nur unentgeltlich zugänglich machen, sondern erhebe im Fall eines Verkaufs auch keine Provision. Zu jeder Ausstellung werde ich auf eigene Kosten einen Katalog der Gemälde, Skulpturen, Möbel etc. herausgeben (…)«[1]

Pierre Nahon[2] hebt ausdrücklich Paul Rosenbergs Absicht hervor, eine Verbindung zwischen den neuen Strömungen in der Malerei des 20. Jahrhunderts und der älteren französischen Malerei herzustellen. Ende der Dreißigerjahre, notiert er, befanden sich an den Wänden und im Lager der Galerie Rosenberg Bilder von Géricault, Ingres, Delacroix, Courbet, Cézanne, Manet, Degas, Monet, Renoir, Gauguin, Lautrec, Picasso, Braque, Léger, dem Zöllner Rousseau, Bonnard, Marie Laurencin, Modigliani und Matisse. »Die Galerie«, schreibt Nahon, »war für alle ein Muss, die die Entwicklung und die Arbeit der Neuerer unter den Malern verfolgen wollten.«

Für mich ist sie der Ausgangspunkt meines Versuchs, diesen Großvater, den ich kaum gekannt habe, zu verstehen und die so reich erfüllte Zeit der Dreißigerjahre – und die düstere der Vierziger – heraufzubeschwören.

1 Familienarchiv
2 Pierre Nahon, op. cit.

Mein Großvater hat das Haus nach dem Zweiten Weltkrieg erst spät zurückerhalten. Der Staat hatte es im August 1944 den Kollaborateuren abgenommen und der Firma Saint-Gobain als Firmensitz überlassen, bevor es meinem Großvater schließlich zurückerstattet wurde. Inzwischen hatte er vom düsteren Schicksal des Gebäudes erfahren, auf das ich gleich zurückkommen werde, und verkaufte es im Januar 1953, denn er wollte nie mehr in einem Haus leben, in dessen Keller sich noch die Publikationen aus den schwarzen Jahren stapelten und in dem noch immer die alten Gespenster herumspukten!

Danach war das Haus lange Sitz der berühmt-berüchtigten *Renseignements généraux*, abgekürzt RG.* Nach den Geheimnissen der Kollaborateure die Geheimnisse der Republik, nach den verfemten Werken verhängnisvolle Papiere – ein seltsames Schicksal.

---

* Polizeieinheit, der oft vorgeworfen wurde, eine politische (Geheim-)Polizei zu sein. (A.d.Ü.)

DIE NUMMER 21
UNTER DEN DEUTSCHEN

DIE RUE LA BOÉTIE war voller verfemter beziehungsweise *entarteter* Werke, wie das seit Beginn des Nationalsozialismus hieß. *Entartete Kunst* war für die Nazis alles, was nicht mit ihrer traditionellen Kunstauffassung übereinstimmte.

»Deutsches Volk! Seht euch das an! Urteilt selbst!«, so eröffnete der Leiter der Reichskammer für Bildende Künste, Adolf Ziegler, am 19. Juli 1937 die Ausstellung »Entartete Kunst« in den Münchner Hofgarten-Arkaden.

Die hastig zusammengestellte Ausstellung von 650 in 43 deutschen Museen konfiszierten Werken sollte die moderne Kunst zum Gespött machen. Bewusst wurden Zeichnungen und Fotos von geistig Behinderten zwischen die Bilder gehängt. Bis zu ihrer Schließung am 30. November 1937 wurde sie von zwei Millionen Menschen besucht. Propagandaminister Joseph Goebbels hatte die Ausstellung als Gegenpol zur »Ersten Großen Deutschen Kunstausstellung« geplant, die am Tag zuvor im Münchner Haus der Deutschen Kunst eröffnet wurde und Bäuerinnen, Soldaten, die Mütter und Landschaften Großdeutschlands zelebrierte. Man müsse zwischen der »Kunst jener Tage und der Kunst dieser Tage«* unterscheiden, sagte er und befahl, die deutschen Museen von allen nach 1910

---

* Neil Levy, »Judge for yourselves!«, the »Degenerate Art« Exhibition as Political Spectacle, in: *October* Nr. 85, (Sommer 1998), 41–64.

angekauften Werken zu säubern. In der Folge wurden alle als »entartet« geltenden Werke in deutschen Museen beschlagnahmt und entweder zerstört oder zugunsten der Nazis ins Ausland verkauft, zur Freude von Liebhabern moderner Kunst auf der ganzen Welt – van Gogh war der höchstdotierte *entartete* Maler!

Die Ablehnung neuer Entwicklungen in der Kunst hatte in Deutschland durchaus Tradition. Wie Lynn Nicholas ausführt, hatte Kaiser Wilhelm II. 1909 den Direktor der Berliner Nationalgalerie entlassen, weil er Impressionisten angekauft hatte.[1] Schon im Jahr 1893 hatte das Werk des jüdischen Kunstkritikers Max Nordau mit dem Titel *Entartung* Furore gemacht, in dem er alle moderne Kunst, besonders aber die Impressionisten, für »pathologisch« erklärte. In den Zwanzigerjahren arbeiteten dann die Nationalsozialisten ihr Konzept der entarteten Kunst aus – auf der Grundlage von Nordaus Thesen, welch wunderbares Alibi![2] Wie jedes totalitäre Regime, das den »neuen Menschen« erschaffen will, wollten sie die Kunst für Propagandazwecke nutzen.

Nur über den Expressionismus kam es zwischen den Nazi-Würdenträgern zum Streit, besonders zwischen Joseph Goebbels und Alfred Rosenberg, Hitlers Chefideologen und späteren Reichsminister für die besetzten Ostgebiete und in dieser Funktion für die dortigen Massaker verantwortlich. Für Goebbels war der Expressionismus durchaus eine nationalsozialistisch-revolutionäre, »nordische« Kunst, während der Mann

---

1 Vgl. Lynn Nicholas, *The Rape of Europa*, Random House 1994. (dt.: Der Raub der Europa, München 1995)

2 Vergleiche dazu die historisch und intellektuell sehr interessante Passage in *Der Raub der Europa*.

mit dem ärgerlicherweise gleichen Namen wie mein Großvater jede verzerrende Darstellung des Körpers als entartet betrachtete.

Nach Hitlers Machtübernahme 1933 entschieden sich viele Künstler für das Exil. Nicht nur, weil sie ihre Werke nicht mehr ausstellen und verkaufen konnten; man machte ihnen sogar die Arbeit unmöglich, indem man ihnen verbot, Pinsel, Leinwände und Farben zu kaufen. »Terpentingeruch oder nasse Pinsel in irgendeinem Gefäß konnten bei einem überraschenden Besuch der Gestapo zur Verhaftung führen«, schreibt Lynn Nicholas.

Ab 1936 etwa wurde Karl Haberstock zum Kunsthändler des Führers und stellte eine Sammlung alter Meister für ihn zusammen, wobei er in Frankreich besonders von Lucien Rebatet* unterstützt wurde, der schon vor der deutschen Besatzung forderte, »unsere Kunst zu arisieren«.

Am 30. Juni 1939, ein paar Wochen vor dem Krieg, organisierten die Deutschen eine große Versteigerung in Luzern, bei der 125 Gemälde und Skulpturen aus den größten deutschen Museen verkauft wurden. Viele Kunstsammler und -händler konnten der günstigen Gelegenheit nicht widerstehen, für wenig Geld – die Deutschen wollten um jeden Preis verkaufen – Bilder von unschätzbarem Wert zu erwerben. Zwar hatte mein Großvater potenzielle Käufer gewarnt, dass alle Devisen, die das Reich dadurch einnahm, »uns in Gestalt von Bomben auf den Kopf fallen werden«; auch Alfred Barr,

---

* Der Schriftsteller Rebatet war bekennender Faschist und verteidigte den Nationalsozialismus bis in die letzten Tage des Regimes. Er wurde 1946 zum Tode verurteilt, die Strafe jedoch in Zwangsarbeit umgewandelt. 1952 wurde er freigelassen.

der Gründungsdirektor des Museum of Modern Art, hatte versucht, Museen von Ankäufen abzuhalten. Vergeblich, wie Lynn Nicholas schreibt: »Diese Warnungen wurden auch deshalb nicht ernst genommen, weil die Einstellung zur modernen Kunst generell lange sehr geteilt war.«

In *L'Art de la défaite*[1] berichtet Laurence Bertrand Dorléac von dem Kunstraub im besetzten Frankreich, der gleich nach dem Waffenstillstand begann.

Am 30. Juni 1940 gab Hitler den Befehl, alle Kunstwerke, die Juden gehörten, »in Sicherheit zu bringen« – hinter dieser Formel versteckte sich schlichter Diebstahl. Daraufhin gründete Alfred Rosenberg den ERR, Einsatzstab Reichsleiter Rosenberg, der den Raub organisierte und allen von den Besatzungstruppen geschätzten und beschlagnahmten Werken den Stempel der Niedertracht aufdrückte.

Im Juli 1940 forderte er das militärische Hauptquartier zu einer Razzia bei den großen Pariser Kunsthändlern und zur Beschlagnahmung ihrer Sammlungen auf. Damit setzte sich der Rosenberg-Göring-Clan gegen Außenminister Ribbentrop und den deutschen Botschafter in Paris, Otto Abetz, durch. Man weiß, wie großzügig sich Göring bediente.[2]

Von Oktober 1940 an wurde aus dem eher zufälligen Raub organisierter Diebstahl: »Die Kunstgegenstände wurden zuerst im Musée du Jeu de Paume und im Louvre gesammelt, dann fotografiert, begutachtet, aufgelistet und nach Deutschland verfrachtet.«[3]

1 Laurence Bertrand Dorléac, *L'Art de la défaite, 1940–1944,* Paris 1993
2 Sehr gut beschrieben in dem zitierten Werk von Laurence Bertrand Dorléac.
3 Vgl. ebd.

Unter diesen Werken befanden sich natürlich die großen Klassiker der französischen Malerei in den Pariser Galerien, aber auch moderne Kunst, »die zum Tausch gegen Werke verwendet wurde, die der nationalsozialistischen Ästhetik eher entsprachen«.

Rose Valland, die viele französische Kunstwerke gerettet hat, erzählt in ihrem zum Klassiker gewordenen Buch *Le Front de l'art**, wie sie am 27. Mai 1943 – den Historikern zufolge war es der 23. Juli – eine Rauchsäule von der Terrasse der Tuilerien aufsteigen sah: Dort wurden als »entartet« bezeichnete Kunstwerke von Masson, Miró, Klee, Max Ernst, Léger und Picasso verbrannt: »Die Männer des Einsatzstabs Reichsleiter Rosenberg fielen über die Kunstwerke her, schlitzten sie auf, zerstachen sie und schleppten sie auf den Scheiterhaufen, nach dem Vorbild der riesigen Autodafés der deutschen Museen, die alle für ›entartet‹ erklärten Kunstwerke zerstören sollten.«

Rose Valland war eine der beiden Personen, die verhinderten, dass die Werke aus Museen und Privatsammlungen endgültig in Deutschland verschwanden. Die andere war Jacques Jaujard, damals Direktor der Nationalen Museen und nach dem Krieg Direktor des Musée des Beaux-Arts. Er schlug den Deutschen vor, alle Werke registrieren zu lassen und Rose Valland damit zu betrauen. In *Le Front de l'art* erzählt sie, wie sie trotz der Gefahr eine Kopie der detaillierten Liste gestohlener Werke anfertigte. Nach dem Krieg wurde sie zum Hauptmann der französischen Armee ernannt und ins besetzte Deutschland geschickt, um die geraubten Schätze nach Frankreich zurückzuholen.

* Rose Valland, *Le Front de l'art*, 1961 in Paris erschienen, 1997 von der Réunion des musées nationaux wiederaufgelegt

Der Raub war auch ein Anklagepunkt in den Nürnberger Prozessen. Neben den Gräueln mag der Raub von Kunstwerken in den von den Nazis besetzten Gebieten bedeutungslos erscheinen. Aber das Gericht betrachtete ihn dennoch als Kriegsverbrechen, denn der Angriff auf die Kultur zielte auch auf die Auslöschung eines ganzen Volks.

Gleich zu Beginn der Besatzung kamen die Nazis wie geplant in die Rue La Boétie, sehr enttäuscht, die Familie nicht anzutreffen, die dort offenbar ruhig auf sie hätte warten sollen.

Am 4. Juli 1940 ersuchte der Botschafter des Reichs, Otto Abetz, um die sofortige polizeiliche Durchsuchung des Hauses in der Rue La Boétie und die Beschlagnahmung der Werke. Er hatte für die Gestapo gerade die Liste der großen jüdischen Kunsthändler und Sammler fertiggestellt: Bernheim-Jeune, Alphonse Kann, Seligmann, Wildenstein und Paul Rosenberg.

Nach der Durchsuchung wurde das Gebäude in der Rue La Boétie beschlagnahmt und im Mai 1941 von den französischen Behörden registriert. Am 11. Mai wurde dort mit großem Pomp das neu geschaffene IEQJ, Institut für das Studium der Judenfragen, eröffnet.

Ich habe mir die wenigen Bilder von der Eröffnung angesehen und vor allem die Aufzeichnung von Radio-Paris angehört, die mir das französische Rundfunk- und Fernseharchiv in Kopie zur Verfügung gestellt hat, ein sehr gut erhaltenes Dokument mit der näselnden Originalstimme und Worten, die wehtun: »Heute fand die Eröffnung des Gebäudes statt, das früher von Rosenberg bewohnt war – schon der Name sagt alles.«

Die Zeremonie beginnt mit einer Rede über den »moralisch verheerenden Einfluss des Judentums« von Clément Serpeille de Gobineau, einem Nachkommen des berühmten Verfassers des 1853 erschienenen *Essay über die Ungleichheit der Menschenrassen.*

Auf den Fotos und in dem Archivfilm sieht man, wie Céline, aus gutem Grund und wegen seiner Prominenz geladen, sein Fahrrad vor der Galerie meines Großvaters abstellt, über der jetzt in Großbuchstaben der Name dieses Instituts prangt. Gut zu erkennen ist der Portalvorbau. Innen im Ausstellungssaal hing ein riesiges Plakat mit einer auf dem Boden liegenden, mit der Trikolore bedeckten Frau, über deren Leib sich ein Adler beugt. Darunter steht: »Franzosen, zu Hilfe!«

An dem Ort, wo in den Jahren zuvor Bilder von Renoir, Picasso oder Léger hingen, hängt nun eine Trikolore, ein Porträt Pétains und ein Zitat von Edouard Drumont, dem Autor von *La France juive,* der, so die zeitgenössische Presse, »das jüdische Problem als erster in seiner ganzen Tragweite darstellt«: »Die Juden sind arm in ein reiches Land gekommen. Jetzt sind sie die einzigen Reichen in einem armen Land.«[1] An der gegenüberliegenden Wand ein weiteres Zitat: »Wir bekämpfen die Juden, um Frankreich sein wahres Gesicht zurückzugeben, das Gesicht unserer Heimat.«

Generalsekretär des Instituts war bis Dezember 1942 Hauptmann Paul Sézille. Er war früher die rechte Hand von Darquier de Pellepoix und Mitglied von dessen vor dem Krieg gegründeten *Rassemblement antijuif de France*[2], pensionierter Offizier der Fremdenlegion und, wie Laurent Joly schreibt,

---

1 Zitiert in: Laurent Joly, *Vichy dans la ›Solution finale‹, Histoire du Commissariat général aux Questions juives (1941–1944)*, Paris 2006
2 Antijüdische Vereinigung Frankreichs (A.d.Ü.)

von Alkohol und Antisemitismus durchtränkt: »Er ist eine der groteskesten Figuren des Pariser Antisemitismus in den Jahren 1940–1944, die ›der Stimme eines Gesunden Frankreich Gehör zu verschaffen sucht, das seine wahre Seele wiederfinden will‹.«

Im Januar 1943 wurde er von George Montandon* abgelöst, der das Amt bis zur Befreiung von Paris am 25. August 1944 ausübte. Unter ihm erhielt das weiterhin in der Rue La Boétie residierende Institut den Namen Institut d'Étude des Questions juives et ethno-raciales, IEQJER. Mit diesem Namen wollten die Deutschen den Anschein eines – wie man heute sagen würde – Forschungszentrums erwecken. Sie richteten sechs Lehrstühle ein, darunter den für »Ethnorassenkunde«, der natürlich Montandon selbst vorbehalten war, einen für »Eugenik und Demographie« und einen für »Judeokratie«.

Das im Haus meiner Familie eingerichtete Forschungsinstitut für Judenfragen war ein – nach französischem Recht – eingetragener Verein zum Zweck der Verbreitung antisemitischer Propaganda. Im Mai 1941 auf Betreiben der deutschen Botschaft und des SD gegründet und von ihnen finanziert, unterstand es nicht dem Kommissariat für Judenfragen (Commissariat aux Questions juives), einer Schöpfung des Vichy-Regimes, sondern direkt Otto Abetz. Überdies wurde es intern von »Spezialisten« aus Deutschland kontrolliert, darunter einem gewissen Dr. Schwarz vom Frankfurter Institut zur Erforschung der Judenfrage.

In Wirklichkeit wurde das Institut von Dannecker persönlich geleitet, Chef des SD-Judenreferats in Frankreich und ei-

---

* Arzt, Anthropologe, Urheber von Rassentheorien

ner der engsten Mitarbeiter Adolf Eichmanns. Dannecker hatte kein Vertrauen zu den Vichy-Behörden und wollte unter dem Deckmantel einer angeblich französischen Institution ein nur ihm unterstelltes Instrument zur Verbreitung antisemitischer Propaganda schaffen. Joseph Billig stellt in seinem dreibändigen Werk über das Generalkommissariat für Judenfragen fest: »Die ›Endlösung der Judenfrage‹ lag in den Händen des von Dannecker geleiteten Judenreferats. Das Judenreferat betrachtete sich als die Behörde, die in Zukunft die größte Macht über die Juden in Frankreich haben sollte. (...) Nicht das jüdische Eigentum stand im Zentrum ihres Interesses. Sie beschäftigte sich mit den jüdischen Massen selbst. In Erwartung der Deportationen strebte sie die Ghettoisierung der Juden an und organisierte die Razzien.«*

Sézille – saß er am Schreibtisch meines Großvaters? – empfing seine Befehle nur von Dannecker, den er wie die Deutschen »Mein Leutnant« nannte. Er bat die Propagandastaffel oft um Unterstützung für seine Privatmiliz, beklagte sich über »die Unentschlossenheit und unzureichende Ausführung der [deutschen] Verordnungen durch das Kommissariat für Judenfragen« und bedankte sich unverzüglich schriftlich bei Dannecker für die Verordnung, die jeden Juden zum Tragen des gelben Sterns verpflichtete.

Obwohl das Institut unter der Vormundschaft der Nazis stand, schickte Sézille am 21. August 1941 eine Mitteilung an die Presse, in der er behauptete, es sei »ein zutiefst französischer eingetragener Verein von Männern guten Willens, die entschieden antijüdisch (...) und entschlossen sind, um jeden

* Joseph Billig, *Le Commissariat général aux Questions juives, 1941–1944,* (3 Bde.) Paris 1955

Preis und mit allen Mitteln die jüdische Frage in Frankreich zu lösen«.

Neben der Verbreitung von Propaganda gehörte es zu den Aufgaben des Instituts, schriftliche Denunziationen entgegenzunehmen und für ihre »Erledigung« zu sorgen. In einem Schreiben an Xavier Vallat vom 31. Januar 1942 schmeichelte sich Sézille, 33.000 Mitglieder zu haben; 70.000 hätten sich ins Gästebuch eingetragen. Das Institut gab die Zeitschriften *Le Cahier jaune*[1] und *La Question juive en France et dans le monde*[2] heraus. Seine spektakulärste Aktion war die Ausstellung »Le Juif et la France« im Palais Berlitz 1941, von der Otto Abetz später sagte, sie sei von den Nazis selbst organisiert worden; für das Publikum lief sie jedoch unter dem Deckmantel des Instituts. Was heißt, dass die Werkstätten in der Rue La Boétie 21 mit Hochdruck an der Fertigstellung dieser Ausstellung arbeiteten.

Das Plakat zu der Ausstellung ist bekannt. Auf dem Umschlag der Wochenzeitung *L'illustration* vom 6. September 1941 ist der offizielle Entwurf abgebildet, und die Zeitung beschreibt ihn wie folgt: »Eine große allegorische Komposition, die eine Art Vampir mit langem Bart, wulstigen Lippen und Hakennase darstellt, dessen magere Finger, den Krallen eines Raubvogels gleich, einen Erdbrocken umklammern.«[3]

Kinobesucher sahen in der Wochenschau Reportagen über die Ausstellung.[4] Der Kommentar zu den Bildern ist – wie alles

1 Das gelbe Heft (A.d.Ü.)
2 Die Judenfrage in Frankreich und in der Welt (A.d.Ü.)
3 Zitiert nach Laurence Bertrand Dorléac, op. cit.
4 Marcel Ophüls hat in seinem Film *Le Chagrin et la Pitié (Das Haus nebenan…)* Ausschnitte gezeigt, die mich immer verfolgt haben, noch bevor ich wusste, dass diese Ausstellung in der Rue La Boétie 21 vorbereitet worden war.

Übrige – auch sechzig Jahre später kaum zu ertragen: »Von hundert alteingesessenen Franzosen sind neunzig echte, reinblütige Weiße ohne jede andere rassische Beimischung. Bei den Juden ist das anders. Sie sind schon vor Jahrtausenden aus Rassenmischungen von Ariern, Mongolen und Negern hervorgegangen. Der Jude hat also Verhaltensweisen, Gesten, ein Gesicht, die ihm eigentümlich sind. Es ist ermutigend zu sehen, dass die Franzosen diese Ausstellung besuchen und sich, da sie den Juden nun erkennen, fortan vor seinen Umtrieben schützen können.«

In einer erschreckenden Präsentation sind, wie auf einem Schießstand, lebensgroße Schwarz-Weiß-Porträts als Zielscheiben aufgestellt. An hervorgehobenem Platz das von Léon Blum. Unter jedem Porträt steht der Name, unter jedem Gesicht ist eine breite Lücke, in der die Nationalität angegeben wird, gefolgt von einem Fragezeichen: »Franzose?«, und dahinter mit Ausrufezeichen: »Nein, Jude!«

500.000 Eintrittskarten zu dieser Ausstellung wurden verkauft, und wenn man die ermäßigten Karten mitrechnet, haben eine Million Menschen die Ausstellung in Paris gesehen, bevor sie als Wanderausstellung nach Bordeaux, Nancy, Marseille, Nizza, Cannes, Toulouse und Lyon ging – also auch in die sogenannte »freie« Zone. Ob die Leute sie erbaut und überzeugt verließen oder empört und angeekelt, ist nicht überliefert.

In den Büros der Rue La Boétie 21 verkehrten merkwürdige Individuen. Ein berühmter Besucher beschwerte sich sogar, dort nicht ausreichend repräsentiert zu sein. Am 21. Oktober 1941 erhielt Sézille einen Protestbrief von Louis-Ferdinand Céline, der sich »bekümmert« zeigte, dass »in der Buchhandlung [der Ausstellung] weder *Bagatelles [pour un massacre]* noch *L'École [des cadavres]* zu finden sind, dagegen favorisiert man einen Haufen kleiner Bocksbärte, Kümmerlinge der vierzehnten Stunde (…) Wieder einmal stelle ich hier (an diesem so besonders sensiblen Ort) den entsetzlichen Mangel an arischer Intelligenz und Solidarität fest. Eine ins Absurde getriebene Demonstration.« Betreten antwortete Sézille drei Tage später: »Ich bin selbst untröstlich, dass es uns nicht gelungen ist, trotz all unserer Nachfragen bei den Verlegern die Werke zu beschaffen, von denen Sie schreiben und die, wie ich weiß, am besten geeignet sind, den antijüdischen Kampf zu führen. Doch ich möchte Ihnen versichern, dass wir in unserer Buchhandlung schon eine große Anzahl von *Beaux Draps* und *Mea Culpa* verkauft haben und weiter täglich nach diesen beiden Werken gefragt werden. Ich bitte Sie zu glauben, dass wir stets unser Möglichstes getan haben und weiter tun werden, um Ihre Werke zu verbreiten und ihnen den Platz zu geben, den sie verdienen.«*

Wer war dieser Hauptmann Paul Sézille, der das Glück hatte, am 20. April 1944 zu sterben, vier Monate vor der Befreiung von Paris? Welcher Hass, welche Verblendung, welche Verbitterung trieb ihn dazu, diesen schändlichen Verein zu leiten und seine unsäglichen Schriften herauszugeben? Als meine Großeltern nach der Befreiung zurückkehrten, entdeckten sie im Keller des Hauses entsetzt die unglaubliche Schriftenproduktion des Instituts, die noch in großen Kisten herumstand. Damals sprach man noch nicht von der »Pflicht zur Erinne-

---

* Céline, *Lettres*, Paris 2009

rung«, und statt sie zu archivieren, befreiten sie sich umgehend von dieser Bibliothek der Schande, als hätten sie sich die Finger daran verbrannt.

Nur ein Buch von Hauptmann Sézille persönlich blieb übrig, dessen Werke einst die Wände im Untergeschoss der Rue La Boétie bedeckten, ich habe es lange aufgehoben. Im Lauf der verschiedenen Umzüge der Familien Rosenberg und Sinclair ist das literarische Werk – und damit die Spur – des finsteren Hauptmanns dann verloren gegangen …

Bei der jahrelangen Renovierung der Galerie, die erst 1934 beendet war, hatte Paul Rosenberg Picasso um einen Entwurf für Marmorelemente gebeten, die in den Fußboden eingelassen werden sollen, um ihm eine besondere Note zu geben. Im August 1928 gab er ihm viele Pläne und mahnte den Entwurf an. Aber da Picasso nie pünktlich war und sich bei Auftragsarbeiten immer lange Zeit ließ, bat Paul schließlich Georges Braque darum. Braque ließ in allen vier Ecken der Galerie rechteckige Marmormosaiken in den Boden einfügen, genaue Kopien von vier seiner bekannten lebensgroßen Stillleben mit Krügen, Tellern, Zitronen, Gedecken und Tischtüchern. Es war schon nicht mehr die Zeit des Kubismus mit seinen Grau-, Grün- und Brauntönen, der ewigen Gitarre und dem »Journal«, als Braque und Picasso Bilder malten, die sich so sehr glichen, dass die beiden oft zum Spaß und weil sie selbst nicht mehr genau wussten, wer welches gemalt hatte, das Werk des anderen signierten. Die Stillleben, von denen ich spreche, sind heller und bunter, sie eignen sich besser für die Kunst des Mosaiks und erinnern an die Fußböden in den römischen Patrizierhäusern in Pompeji oder Volubilis.

Als mein Großvater nach dem Krieg das Haus verkaufte, in dem er nicht mehr wohnen wollte, ließ er die vier Marmorplatten von Braque herausschneiden und in schwarzen Marmor gefasst zu niedrigen Tischen umarbeiten. Meine ganze Jugendzeit hindurch standen zwei dieser Tische in der Wohnung meiner Mutter. Oft, wenn ich mit den Fingern über den Marmor strich, habe ich an die Milizionäre gedacht, die ihn mit Füßen getreten hatten, und an die denunzierten und festgenommenen Unschuldigen, die darübergegangen waren, bevor sie ihren Henkern ausgeliefert wurden. Ich konnte *L'assassin habite au 21* (Der Mörder wohnt in Nr. 21) von Georges Clouzot nie sehen, ohne daran zu denken.

FLOIRAC

PAUL HAT DAS NAZIREGIME von Anfang an mit allen Fasern seines Wesens abgelehnt. Er beteiligte sich aktiv am Widerstand gegen den Verkauf der »entarteten« Kunst durch die deutsche Regierung, indem er als Präsident des Kunsthändler-Verbands die europäischen Händler dazu aufrief, diese Verkäufe zu boykottieren.

Nur wenige weigerten sich, die auf den Markt geworfenen, oft herausragenden Werke zu erwerben, die der Traum jedes Kunstliebhabers waren. »Keinen Heller dem deutschen Reich« war die Losung einer kleinen Gruppe, die sich viele von weniger skrupulösen Händlern erworbene Meisterwerke entgehen ließen. Paul war einer von ihnen.

Die Deutschen vergaßen es ihm nicht. Sie setzten Paul auf ihre schwarze Liste.

Er hatte gewisse Vorahnungen gehabt und eine Anzahl von Werken nach London und New York in Sicherheit gebracht beziehungsweise an amerikanische Museen ausgeliehen. Vor allem ans New Yorker MoMA für die erste große Picasso-Retrospektive, die Paul mit seinem Freund Alfred Barr monatelang selbst vorbereitet hatte.

Wahrscheinlich deshalb sprach er im August 1939* in ei-

* Im August 1939 schlossen Deutschland und die Sowjetunion überraschend einen Nichtangriffspakt. (A.d.Ü.)

nem Brief aus Evian an Picasso von »den schwarzen Ereignissen«, als seien sie nur eine fatale Entwicklung, nicht schon das Vorzeichen der unmittelbar bevorstehenden Katastrophe.

Am 3. September 1939, dem Tag der Kriegserklärung, war Paul mit seiner Familie in der Touraine, in Cinq-Mars-la-Pile. Er schloss die Galerie in Paris und schickte aus Angst vor Bombardierungen einige seiner Bilder nach Tours, wo er sie unter dem Namen seines Chauffeurs Louis Le Gall einlagerte. Sie waren die ersten, die er nach dem Krieg zurückerhielt, denn weder die Nazis noch die französischen Behörden hatten von dieser Vorsichtsmaßnahme erfahren.

Danach fuhr die ganze Familie nach Bordeaux, wo sie am 7. Februar 1940 ein Haus mietete: das »Castel« an der Route de la Tresne 12 in Floirac la Souys, fünf Kilometer östlich von Bordeaux. Das Haus hatte seinen Namen von seiner ursprünglichen Bestimmung als Kastell behalten, es gehörte Monsieur und Madame Ledoux, die weiter in der obersten Etage wohnten. Nach dem Krieg nahmen sie wieder das ganze Haus in Besitz und verkauften das Anwesen in den Sechzigerjahren an die Stadtverwaltung.

Ich war nie in Floirac gewesen, aber jetzt wollte ich das Haus sehen, in dem meine Familie die erste Zeit des Krieges verbracht hatte und das ich nur von Fotos kannte.

Die Garonne ist grau an diesem Septembermorgen des Jahres 2010. Ich komme am Flughafen Bordeaux-Mérignac an und überquere auf der Fahrt nach Floirac den Fluss.

Ich suche die Route de la Tresne, die auf den Lebensmittelmarken der Familie steht. Die Straße ist seitdem wahrscheinlich mehrmals umbenannt worden. Seit die Stadt sozialistisch regiert ist, heißt sie Avenue du Président-François-Mitterrand. Natürlich.

Ich finde das Castel, das Nachkriegsberichten zufolge in den Monaten nach dem Waffenstillstand mit stillschweigendem Einverständnis der Ledoux geplündert worden war.

Mitten auf dem frisch gemähten Rasen steht eine jahrhundertealte Zeder. Unter diesem Baum haben sich im Mai 1940 Henri Matisse und Paul Rosenberg über die Natur und ihre Darstellung in der Malerei unterhalten. Massiv, harmonisch, beruhigend steht er da, von dem Orkan 1999 kaum mehr gezeichnet als von der deutschen Invasion. Der Park ist gepflegt, das Haus stark gealtert. Es ist ein merkwürdiges Gebäude, reizvoll und hässlich zugleich. Im 19. Jahrhundert als Kopie einer Burg gebaut, hat es alle entsprechenden Attribute: Bergfried, Bruchsteine, Rosetten an den Fassaden, grimassierende Wasserspeier, die es zu einer Art von Gespenstern bewohntem *Wuthering Heights* machen.

Ich stoße die Tür aus Glas und Schmiedeeisen auf. Der Vorraum ist offensichtlich unverändert und hat sich dank des großen Spiegels, den Spuren des Alters zum Trotz, eine gewisse Eleganz bewahrt. Die altersschwache, wurmstichige Treppe ist mit Staub bedeckt. Ich steige die knarrenden Stufen hinauf und klingle im ersten Stock. Ein alter Herr, ein von der Stadtverwaltung hier einquartierter Rathausangestellter, öffnet erstaunt und lässt mich in eine Drei- oder Vierzimmerwohnung eintreten, wo sich wahrscheinlich früher die Schlafzimmer und das Esszimmer des Kastells befanden. Ein Speisenaufzug ist noch zu sehen.

Er hört sich meine etwas verworrene Rede an (»meine Familie hat bis Juni 1940 hier gewohnt, ich würde gern die unteren Räume sehen«) und ruft im Rathaus an. Zwei Stellvertreter der Bürgermeisterin kommen und schließen mir liebenswürdig die untere Tür auf.

Ein Teil des Hauses ist seither unverändert geblieben; den anderen haben offensichtlich in den darauffolgenden Jahrzehnten die Ledoux angebaut. Mithilfe der im Haus gestohlenen Beute, wie böse Zungen nach dem Krieg unterstellten?

Trotz des pompösen Namens »Castel« ist das Haus nicht sehr groß, nur der Park ist eindrucksvoll. Ich besichtige das Ganze und hebe mir den Salon bis zum Schluss auf.

Die Küchenräume liegen im Untergeschoss, wie in all diesen Häusern, die sich wohlhabende Bürger aus Bordeaux Ende des 19. Jahrhunderts im höher gelegenen Ortsteil von Floirac bauen ließen. Die Küche stammt aus den Dreißiger- oder Vierzigerjahren, die Wasserleitungen sind verrostet, »der Strom ist von den deutschen Besatzern installiert worden«, wird mir erklärt – als meine Familie dort wohnte, gab es also noch keinen –, und die Anrichte dient als Abstellkammer für die Mineralwasserflaschen bei künftigen privaten oder öffentlichen Feierlichkeiten.

Die Rosenbergs blieben hier bis Juni 1940, als sie sich überstürzt zur Flucht aus Frankreich entschlossen. Trotz allem hellsichtig (obwohl er doch auf die Maginot-Linie vertraute?), ließ mein Großvater Dutzende seiner Bilder kommen, zum einen, weil es ihm jedes Mal das Herz zerriss, wenn er sich von ihnen trennen musste, aber auch, weil er sie weit weg von Paris in Sicherheit glaubte. Er mietete einen Tresorraum bei der BNCI (Banque nationale pour le commerce et l'industrie) in Libourne, die nach dem Krieg verstaatlicht und zur Banque nationale de Paris (BNP) wurde.

Hundertzweiundsechzig Bilder wurden dort eingelagert, darunter ein Selbstbildnis von van Gogh, Gemälde von Cézanne, Delacroix, Léger, Matisse, Sisley, Picasso, Vuillard, Utrillo, Corot, Monet und Braque. Sie wurden am 5. September 1941, als die Nazis den Safe Nr. 7 öffnen ließen, gestohlen und ins Musée du Jeu de Paume geschickt. Göring brauchte sich nur noch zu bedienen.

Die Rosenbergs verbrachten den Winter 1940 in Floirac. Die Zeit schien stillzustehen.

Braque kam zu Besuch. Vom Beginn der Feindseligkeiten verstört und unglücklich, konnte er sich kaum noch zum Malen aufraffen. Im Oktober 1939 schrieb er Paul: »Ich habe ein paar Bilder angefangen, aber die plötzlichen Turbulenzen haben alles zum Erliegen gebracht. Seit einem Monat habe ich nicht mehr gemalt. Ich bildhauere, was mir sehr gefällt. Eine Athletenarbeit, denn ich schleppe Steine vom Strand hierher, die manchmal über 20 Kilo wiegen.«[*] Die Niederlage traumatisierte ihn, 120.000 Tote und 200.000 Verletzte in ein paar Wochen, ein gedemütigtes Volk: »Hitler hat in sieben Wochen getan, wovon die Deutschen siebzig Jahre geträumt hatten.«

Als die deutschen Truppen nach Dieppe kamen, zehn Kilometer von seinem Anwesen in Varengeville entfernt, suchte Braque mit seinen schönsten Bildern – eine sehr provisorische – Zuflucht bei den Rosenbergs in Floirac. Seine Frau Marcelle und er brachten auch das bisschen Gold mit, das sie besaßen. Auf den Rat meines Großvaters hinterlegte Braque alles bei derselben Bank in Libourne, in einem benachbarten Schließfach.

---

[*] Zitiert nach Alex Danchev, Braques zuverlässigstem Biografen, in: *Georges Braque, A Life*, New York 2005.

Natürlich wurde auch dieses gewaltsam geöffnet und der Inhalt wie Pauls Bilder von den Deutschen gestohlen.

1942 erhielt Braque von der Bank einen fast schon komischen Brief, in dem es um das von den Nazis aufgebrochene Schloss ging, das auf Kosten der Bank hatte ersetzt werden müssen: »Wir wären Ihnen sehr verpflichtet, wenn Sie uns den Betrag der so verursachten Auslagen erstatten würden, das heißt 1.000 Francs für die Sachverständigenkosten und 200 Francs für unsere Mühe.«!!*

Matisse hatte sich in Nizza niedergelassen.

Am 16. Juli 1939 verlängerte er den 1936 mit Rosenberg geschlossenen Vertrag, mit der Einschränkung, dass er im Konfliktfall unwirksam würde. Am 10. Oktober schlug Matisse Paul einen dritten Vertrag vor, einen »Kriegsvertrag«, der am 30. Oktober unterzeichnet wurde. »Bei der ungewissen Entwicklung des Marktes erscheint mir ein einjähriger Vertrag vernünftig (…). Ich sah schon das goldene Zeitalter der Künste wiederkehren, das heißt eine Zeit, in der es gar nicht infrage kam, dass ein Künstler seine Freuden und Qualen zur Schau stellte (…) eine Zeit, in der er seine Werke nicht schon zeigen musste, wenn sie gerade erblüht waren, sondern erst nachdem er eine Zeit lang mit ihnen zusammengelebt hatte, bis sie reif waren (…) Unmöglich bei unserem Stand der Zivilisation, und man muss sich damit abfinden, seine Kinder zu verlassen, bevor man sie hat heranwachsen sehen«, schreibt er über seine Bilder. »Und nun holt mich Ihre unbezähmbare Aktivität aus diesem Zustand, der, obwohl von den Umständen aufgezwun-

---

* Der Brief wird in den Notizen der Anwälte zitiert, die sich nach dem Krieg um die Rückerstattung kümmerten. Familienarchiv.

gen, der Meditation so förderlich ist. Ich lasse mich in Versuchung führen: das goldene Kalb steht immer noch!«*

Die Verlängerung des Exklusivvertrags zeigt, dass beide trotz allem ein gewisses Vertrauen in die Zukunft hatten. Paul schrieb ihm, er wolle von Tours nach Bordeaux ziehen, damit sein Sohn Alexandre »nicht ganz dem Müßiggang verfällt«, sein Studium fortsetzen (Tours war damals keine Universitätsstadt) und seine vormilitärische Ausbildung beginnen könne. Bei der Lektüre dieser Briefe aus der ersten Hälfte des Jahres 1940, vor der Katastrophe, scheint die Leidenschaft für die Kunst die politischen Ereignisse in den Hintergrund zu drängen, deren Ausgang zu der Zeit ja auch noch ungewiss war.

Der Ernst der Lage entging vielen. Für April 1940 hatte das Art Institute of Chicago für Paul und seine Bilder eine Tournee durch Amerika geplant, die natürlich in Chicago beginnen sollte: eine Vortragsreihe über die französische Malerei des 19. und 20. Jahrhunderts anhand der entsprechenden Gemälde.

Schon während des »drôle de guerre« fuhr Paul sogar zu einem Besuch in Matisses Atelier nach Nizza und kehrte mit einigen Gemälden unter dem Arm zurück. Glücklich über den Besuch, schrieb er, kaum angekommen, einen Brief an Matisse. Offenbar hatte er es eiliger, die Bilder seines Freundes aufzuhängen, als seine Familie zu begrüßen: »Ich fand Sie in großartiger Verfassung (…) ich habe Ihre neuen Werke gesehen, die, je länger ich darüber nachdenke, die glücklichsten sind, bester Matisse. (…) Diejenigen, die ich hierher mitgebracht habe, wurden gleich bei meiner Ankunft im Castel um 2.30 Uhr an den Wänden des Salons aufgehängt. Nachdem ich sie noch einmal

* Alle zitierten Briefe von und an Matisse befinden sich im Archiv Henri Matisse.

betrachtet hatte, bin ich zu meiner Familie gegangen, um Guten Tag zu sagen. Ich war recht müde nach der achtzehnstündigen Fahrt, der Anblick Ihrer Bilder hat mir neue Kraft gegeben (…) Ich fühle mich sehr geschmeichelt und geehrt, Ihre Wertschätzung und Ihr Vertrauen zu genießen (…). In der kommenden Woche fahre ich nach Paris und öffne die Galerie wieder, mit fünf neuen Matisses, fünf Braques und fünf Picassos: Was für eine schöne Wiedereröffnung!« Paul fuhr nicht nach Paris. Der Brief ist am 4. April 1940 geschrieben. Der deutsche Durchbruch bei Sedan stand kurz bevor.

Eine renommierte Zeitschrift in Sydney, *Art in Australia*, bat André Breton 1941 um einen Artikel über die Schriftsteller, die in Frankreich geblieben waren. Paul Rosenberg sollte über das Leben seiner Lieblingsmaler unter der Besatzung schreiben. In seinem Artikel erzählte Paul von einem Besuch Matisses in Floirac, kurz vor dem deutschen Einmarsch. Ihre Unterhaltung, ein paar Wochen vor dem Debakel, wirkt irreal.

Wie gewöhnlich sprachen sie über Kunst und Malerei und betrachteten die Knospen und ersten Blüten in diesem Frühjahr 1940. Matisse geriet über die gelben und weißen Margeriten in Entzücken, die aus dem Rasen einen schöneren Teppich machten als die schönsten Wandbehänge aus dem 14. Jahrhundert! »So etwas müssen wir schaffen«, sagte der Maler der Farbe. »Nach diesem frischen, leuchtenden Eindruck suche ich in meinen Bildern. Solche Harmonien legt uns die Natur nahe, aber wir sind nicht dazu verpflichtet, sie genauso wiederzugeben.«* Das war im Mai 1940 …

* Paul Rosenberg, »French artists and the war«, in: *Art in Australia*, Dezember 1941–Januar 1942

Picasso schließlich war in Royan, nicht weit von Floirac.

Mein Großvater und er schrieben sich, telefonierten und sahen sich weiterhin. Der Rest der Familie Rosenberg kam aus Paris, in dem ohnehin schon vollen Castel wurde es noch enger. Paul bot auch den Matisses an, sie aufzunehmen, aber es gab kein freies Bett oder Sofa mehr.

Am 11., 12. und 13. Juni fand im Salon ein dramatischer Familienrat statt.

Siebzig Jahre später, an einem Septembernachmittag des Jahres 2010, stehe ich im selben Raum, mit demselben Kamin, denselben Schränken und demselben Kronleuchter, und habe das Gefühl, eine Gespensterszene zu sehen. Ich stelle mir den Abend vor, dicht aneinandergerückte Stühle und Sessel, die Kinder auf dem Parkettboden, die halb gepackten Koffer in einer Ecke. Ich höre die Seufzer, das Flüstern, die Ängste, die Gewissheiten, die Beklemmungen all derer, die hier sind, hier waren, in diesen Junitagen 1940 hier kampierten.

Für die meisten französischen Familien stellte sich die Frage, Frankreich zu verlassen, gar nicht, in einigen jedoch, jüdischen vor allem, die in Grenznähe lebten und wussten, dass die Deutschen sie suchten, wurde diskutiert: ins Exil gehen oder weitermachen wie zuvor?

»Eine gewisse Zahl von Franzosen und in Frankreich lebenden Ausländern war wegen des Vichy-Regimes besorgt oder befürchtete, bald unerwünscht zu sein, und entschloss sich zur Flucht. Die war sehr oft nur das kleinere Übel. Aber angesichts des beklemmenden Gefühls, dass sich die Schlinge immer enger zusammenzog, erschien sie auch den Zögerlichsten angebracht. Die erste Judenverordnung wurde im Oktober 1940 erlassen, aber der Ausschluss im großen Stil begann schon im Juli. Die Zeit wurde also knapp. Wie David Rousset später mit schwarzem Humor sagte, würde es aus Frankreich und sogar Europa bald nur noch zwei Ausgänge geben: Marseille und Auschwitz.«[1] Man könnte noch Bordeaux hinzufügen.

Jacques Helft, der Schwager meines Großvaters, plädierte energisch für die Flucht, über Spanien nach Portugal. Meine Großmutter war sehr zögerlich. Paul war hin- und hergerissen.

Anscheinend hat sich jeder von seinem Temperament leiten lassen. Das Dilemma der Familien, schreibt Emmanuelle Loyer, bestand letztlich in »der heiklen Abwägung des Trennungsschmerzes gegen die möglicherweise dramatischen Folgen trotzigen Bleibens«. Als Beispiel zitiert sie einen Brief von Marc Bloch[2] vom Mai 1941, der die Zerrissenheit des Historikers zeigt, denn angesichts der »Widerstände des US-amerikanischen Außenministeriums und aus familiären Gründen (…) mag sich im Verfasser von *L'Étrange défaite* nach und nach der Gedanke gefestigt haben, dass er seinem Land am besten dienen könne, wenn er blieb«. Marc Bloch wurde 1944 von den Deutschen erschossen.

Zunächst musste das Problem der Pässe gelöst werden. Für die Familie Rosenberg wurden siebzehn gebraucht, damit Eltern, Großeltern, Kinder, Brüder, Schwestern und Neffen aus Frankreich ausreisen konnten.

Marianne, die jüngste Schwester meiner Großmutter Mar-

---

1 Emmanuelle Loyer, *Paris à New York. Intellectuels et artistes français en exil (1940–1947)*, Paris 2005

2 Der Historiker Marc Bloch, mit Lucien Febvre zusammen Gründer der *Ecole des Annales* und Autor eines der schönsten Bücher über das Ende der III. Republik, *L'Etrange Défaite* (dt.: *Die seltsame Niederlage: Frankreich 1940 – der Historiker als Zeuge*, Frankfurt/M. 1992).

got, hatte eine Jugendfreundin, deren Mann, der mit der französischen Regierung nach Bordeaux geflohen war, Sekretär von Albert Lebrun war, dem Präsidenten einer Republik, die ihrer Macht und ihres Territoriums beraubt war, glücklicherweise aber noch Pässe stempeln konnte. Und der portugiesische Konsul stellte gegen den Willen Salazars mutig die Visa aus.

Das zweite Problem war die Durchreise durch Spanien. Franco gestattete den Flüchtlingen, die sich an seiner Grenze drängten, das Land zu durchqueren, aber ohne auf spanischem Territorium haltzumachen. Paul und seine Schwager handelten schließlich eine Durchreise in drei Tagen und Nächten aus.

Am 16. Juni waren alle abfahrbereit und drängten sich in die Autos. Drei Kilometer vor Hendaye an der Grenze wurde streng kontrolliert, die Schlange der wartenden Autos wurde immer länger. So aßen sie Butterkekse, machten Ölsardinenbüchsen auf und schliefen im Auto.

Irun, Burgos, Salamanca, die Durchreise durch Spanien dauerte tatsächlich drei Tage. Die Reisegesellschaft hatte sich von Alexandre, dem Sohn von Paul und Margot und Bruder meiner Mutter, und von den Cousins François und Jean trennen müssen. Die jungen Männer waren an der Grenze aufgehalten worden und hatten beschlossen zu kämpfen. Sie bestiegen das letzte polnische Schiff, das aus Bordeaux ausfuhr, die nach einem polnischen König aus dem 16. Jahrhundert benannte *Batory,* die Libourne am 17. Juni 1940 verließ. Alexandre war neunzehn und mit allen Bequemlichkeiten einer bürgerlichen Familie aufgewachsen. Was treibt einen gerade erst erwachsen gewordenen jungen Mann zu einer so gefährlichen Odyssee? Die Liebe zum Vaterland, die Lust am Abenteuer, das Bedürfnis nach Selbstständigkeit oder alles zusammen? Das gilt für alle jungen Leute, die damals und später versuchten, nach London zu gelangen. Und trieb diese Mischung nicht auch meinen Vater dazu, ein bequemes Leben in Amerika auszuschlagen und zum Kämpfen in den Nahen Osten zu gehen?

Alexandre und seine Cousins fuhren also nach England, noch bevor General de Gaulle dazu aufrief, und schlossen sich der 2. französischen Panzerdivision von General Leclerc an. Sie wurden in London ausgebildet, machten den ganzen Afrikafeldzug und die Landung in der Normandie mit und zogen mit den französisch-amerikanischen Truppen am 25. August 1944 ins befreite Paris ein.

Der Rest der Familie durchquerte Spanien und machte in Sintra Station, fünfundzwanzig Kilometer von Lissabon entfernt. Die Erwachsenen belagerten Tag für Tag die Botschaften und Konsulate, um – die Zahl der Flüchtlinge in der Familie hatte sich inzwischen vermehrt – einundzwanzig Visa für welches Land auch immer Land zu ergattern, ob Paraguay, Argentinien oder Chile. Visa in die USA waren kostbar.*

Paul erzählte später einer amerikanischen Zeitung, dass er sich, als Flüchtling in Portugal angekommen, an das British Relief Office wandte, wo man ihm ein hartes Ei und ein Stück Brot in die Hand drückte: »Stellen Sie sich einen Mann vor, der in seinem Leben alles hatte (…) und in der Woche darauf

---

* Vgl. Dan Franck, *Minuit*, Paris 2010: Das isolationistische Amerika Roosevelts wollte zunächst gute Beziehungen zur Vichy-Regierung aufrechterhalten und nahm auf dessen Empfindlichkeiten Rücksicht, indem es Flüchtlinge nicht mit offenen Armen aufnahm.

seine Arbeit, sein Haus, sein Vermögen, seine Freunde verlor. Ich saß mit einem harten Ei und einem Stück Brot auf einem Mäuerchen und konnte mich nicht halten vor Lachen.«*

Um in die USA zu gelangen, brauchte man, wie Emmanuelle Loyer schreibt, Beziehungen in den Vereinigten Staaten, man musste Geld haben, um »die Überfahrt zu bezahlen (...), eine gewisse Bekanntheit, (...) tatkräftige amerikanische Freunde oder Kollegen, viel Energie und ein bisschen Glück«. Zudem verlangten die Amerikaner von den Flüchtlingen die Garantie, dass sie in den Vereinigten Staaten ihren Lebensunterhalt bestreiten konnten, »lauter Bedingungen, die vielen das Entkommen unmöglich machten«.

Im August 1941 löste sich die Situation dank Pauls altem Freund Alfred Barr. Der MoMA-Direktor musste zwar kämpfen, um den Amerikanern, denen der Name Paul Rosenberg nichts sagte, begreiflich zu machen, wie vorteilhaft es für die USA im Hinblick auf die Kunst wäre, ihn in ihrem Land aufzunehmen. Aber er konnte sie überzeugen.

Die Rosenbergs erhielten also die kostbaren Visa. Die Familie Helft (Schwestern, Schwager und Cousins meiner Großeltern) vier Tage später ebenfalls.

Drei- oder viertausend Franzosen gelang es dank unterschiedlichster Beziehungen, in die USA einzureisen. Paul und seine Familie schifften sich am 20. September 1940 nach New York ein.

Siebzig Jahre später macht mein Besuch in Floirac diesen Exodus realer. Ich kann jetzt nachvollziehen, warum meine Mut-

* Familienarchiv

54

ter dieses Haus nie wiedersehen wollte, das ihre letzte Station in Frankreich gewesen war.

Ich selbst bin verstörter, als ich gedacht hätte. Die beiden Stellvertreter der Bürgermeisterin zeigen Verständnis. Sie laden mich ein, bei ihnen zu Hause, nur ein paar Schritte entfernt, noch ein Glas Wasser zu trinken. Die Hitze ist drückend. Die Bürgermeisterin, Conchita Lacuey, sozialistische Abgeordnete der Gironde, kommt vorbei, begrüßt mich herzlich lächelnd, staunt über die Zufälle des Lebens und macht ein Foto. »Man kann nie wissen«, sagt sie an diesem Spätsommertag unbefangen und freundlich.

Ihre eigenen Großeltern, die als Republikaner verfolgt wurden, waren aus Spanien hierher geflüchtet, kurz nachdem meine Familie in die Gegenrichtung floh.

Schicksale, die sich gekreuzt haben …

IM CENTRE POMPIDOU

BEI MEINEN NACHFORSCHUNGEN drohen der Krieg, der in unserem Haus in der Rue La Boétie seine Spuren hinterlassen hat, die Umstände des Aufenthalts in Floirac und die verzweifelte Suche nach einer Zuflucht in den Vereinigten Staaten allmählich überhandzunehmen.

Ich will wieder zu meinem ursprünglichen Vorhaben zurückkehren, das heißt zu meinem Großvater und seinem Beruf, und im Familienarchiv weitersuchen. Aber bevor ich dazu nach New York fahre, wo es lagert, rufe ich in Paris im Centre Pompidou an. Dessen Direktor Alfred Pacquement reagiert eher kühl, doch der Leiter der Kandinsky-Bibliothek, Didier Schulmann, ist sehr freundlich.

Wir verabreden uns für den zehnten Mai. Der zehnte Mai? Genau neunundzwanzig Jahre nach Mitterrands Wahlsieg ... Was für einen Zusammenhang es da gibt? Gar keinen, er besteht nur für mich: So lang war der Weg, der mich von der Politik zur modernen Kunst und dazu gebracht hat, dieses Buch zu schreiben!

»Wir haben nichts Interessantes über Ihren Großvater«, erklärt mir Didier Schulmann bei unserem Treffen, »außer einigen Fotoplatten, die nicht hier aufbewahrt werden.« Auch Christian Derouet, einer der Konservatoren des Centre Pompidou, empfängt mich liebenswürdig. Er war für die Kandinsky-Ausstellung vor ein paar Jahren verantwortlich, hat lange am Nachlass von Léonce Rosenberg gearbeitet und sei dabei oft, erzählt er, auf Léonces Bruder Paul gestoßen.

Den kühlen Empfang durch Monsieur Pacquement erkläre ich mir damit, dass er womöglich immer noch einen gewissen Groll gegen meine Familie hegt, die vor etwa zehn Jahren ein Gemälde aus den Kellern des Centre Pompidou zurückgefordert hatte, das den Stempel MNR (Musées Nationaux Récupération«* trug. Das Museum hatte damals Probleme gesehen, dieses Bild, Fernand Légers *Femme en rouge et vert (Frau in Rot und Grün)*, auch *Chevalier à l'armure* genannt, zurückzugeben, weil die Verantwortlichen nicht wussten, ob das Werk Paul oder Léonce Rosenberg gehört hatte – obwohl sie bereitwillig einräumten, dass es in der Rue La Boétie gestohlen worden war. Das Gericht entschied ganz logisch, im Zweifel gehöre das Bild zu gleichen Teilen beiden Familien, und beauftragte die Erben – meine Mutter, ihre Schwester und die Nachkommen Léonces – mit der Aufteilung, die auch problemlos vonstattenging. Das Centre Pompidou konnte sich mit Recht darauf berufen, es wisse nicht, welchem Teil der Familie das Bild zurückgegeben werden müsse, aber es war auch ein gewisses Zögern des Museums herauszuhören, sich von dem schönen Werk zu trennen.

Da sich nicht alle Rosenberg-Cousins und -Cousinen das Bild teilen konnten, beschlossen sie, es zu verkaufen. Ich hatte mich seinerzeit nicht besonders dafür interessiert und kaum

---

* Diesen Stempel erhielten alle von den Nationalsozialisten gestohlenen Werke, die zurückerstattet worden waren und in den nationalen Museen aufbewahrt werden, solange die rechtmäßigen Besitzer nicht identifiziert sind.

von den Nachforschungen meiner Familie Notiz genommen, die im Wesentlichen von meiner Tante und meinen New Yorker Cousinen vorangetrieben wurden. Aber ich erinnere mich daran, dass meine Mutter mir von ihrem seltsamen Gefühl beim Betrachten dieses Bildes erzählte, das sie nicht kannte, weil es in die Galerie gekommen und daraus verschwunden war, ohne dass sie Gelegenheit hatte, es zu sehen.

Tatsächlich waren sie und ihre Eltern zwischen September 1939 und Juni 1940 schon nicht mehr in Paris. Léonce, der Bruder meines Großvaters, hatte ihnen nicht folgen wollen. Er war den ganzen Krieg über in Paris, trug stolz den gelben Stern, entging wundersamerweise den Razzien und starb 1947. Er war ein begabter Entdecker, aber er hatte nie einen Sou und bat meinen Großvater oft, ihm Geld vorzuschießen, im Tausch gegen Bilder aus seinem Besitz, die er in der Rue La Boétie lagerte. Das war auch im Winter 1939–40 der Fall, als sich mein Großvater schon in Floirac befand. Léonce erhielt von seinem Bruder eine Überweisung und brachte seinen Léger in Pauls Galerie, wo er im Juli 1940, als die Deutschen das Gebäude besetzten, gestohlen wurde. Nach Kriegsende an Frankreich zurückgegeben, schlief die *Femme en rouge et vert* friedlich im Keller des Centre Pompidou, ohne dass die Familie und das Museum davon wussten.

Also keine Dokumente zu meinem Großvater im Centre Pompidou, doch man ließ mich ganz ausnahmsweise die in der Galerie aufgenommenen Fotoplatten durchsehen, die im Archiv der Kandinsky-Bibliothek im Lager des Museums aufbewahrt wurden. Dorthin werden alle nicht im Centre Pompidou ausgestellten Sammlungen gebracht, aus Angst, die Lagerbestände der Pariser Museen könnten überschwemmt werden wie 1910, was allerdings nur einmal in einem Jahrhundert vorkommt.

Es ist das gigantischste aller Lager, jedenfalls das mit dem kostbarsten Gut: der Sammlung der nicht ausgestellten Schätze des Museums für moderne Kunst. Kilometerlange Gänge voller Kisten mit sibyllinischen Ziffern, darin vielleicht nie gesehene Skulpturen. Auf Schienen gleitende Rollschränke bergen unsichtbar bleibende Gemälde. Dutzende ungerahmte Bilder, an Rollostäben hängend, erinnern mich an die Ausstellungsstücke in einem Teppichladen. Ich sehe einen Warhol, einen Mirò, die nur darauf warten, ausgestellt zu werden. Verborgene Schätze.

In einer anderen Abteilung, in die man durch eine Doppeltür nur gelangt, wenn man den nötigen Ausweis für die Sicherheitszone hat, komme ich in die Räume des Fotoarchivs.

Tausende von Glasplatten sind dort erfasst und gelagert. Der Fundus Paul Rosenberg wird in Archivboxen aufbewahrt. Meine Mutter und mein Onkel hatten ihn 1973 dem Kulturministerium geschenkt, damit Forscher die Werke im Urzustand studieren können. Da sind sie, verstaubt und zerbrechlich, wie das Gedächtnis.

Dutzende dicker Mappen, nach Namen geordnet – Bissière,* Braque, Laurencin, Léger, Matisse –, bergen schwere Fotoplatten aus Glas, wie man sie vor dem Krieg noch häufig verwendete, die meisten von Routhier, einem damals renommierten Kunstfotografen, und von unerreichter Qualität.

Darauf finde ich die Ausstellungsräume in der Rue La

* Französischer Maler, Zeitgenosse von Braque und Juan Gris, dessen erste Ausstellung 1921 in der Galerie Paul Rosenberg stattfand.

Boétie 21 wieder, die ich vor Kurzem besichtigt habe, die einen Meter hohe Holztäfelung und das so charakteristische Glasdach. Schwarz-Weiß-Fotos erscheinen merkwürdig für die auch wegen ihrer Farben berühmten, schimmernden Kunstwerke, aber die Magie dieser Fotos macht vergessen, dass sie nicht in Farbe aufgenommen sind.

Am meisten bewegen mich die Fotoplatten von der Matisse- und der Braque-Ausstellung Ende der Dreißigerjahre. Wohl weil ich davor die anderen, nur ein paar Monate später gemachten Fotos gesehen hatte, von denselben Stellen an denselben Wänden, an denen jedoch statt der Bilder der beiden großen Meister das Porträt von Pétain und widerwärtige antisemitische Hetzparolen hingen.

Eher zufällig öffne ich diese oder jene Box, nehme aus den vergilbten Umschlägen die Glasplatten, mit denen man vorsichtig umgehen muss, manche sind gesprungen oder angeschlagen. Die Beschädigungen verwirren mich: Sind das Spuren der Zeit oder der Grobheit der Besatzer, die sie geraubt haben wie die ganze Sammlung?

Vergangenheit und Gegenwart überlagern sich. Doch die Frage bleibt: Was für ein Mensch war mein Großvater, und wie war das Leben dieser Familie, zu deren Entdeckung ich mich aufgemacht habe?

GENNEVILLIERS

ZUERST ALLE ORTE AUFSUCHEN, an denen Familienerinnerungen aufbewahrt sind. Also das Möbellager, in das ich
die meisten Papiere und Fotos gebracht habe, die ich auf die
Schnelle in der Wohnung meiner Mutter zusammengerafft
hatte. Eiseskälte in der Halle in Gennevilliers, in die der Spediteur die Rollcontainer bringt und in meiner Gegenwart öffnet.

Warum habe ich den Eindruck, in einer Leichenhalle zu
sein? Warum habe ich das Gefühl, in Gräbern zu wühlen, obwohl ich dieses Gefühl nicht hatte, als ich die Schränke meiner
Mutter ausräumte?

Schnell, sehr schnell gehe ich wieder, mit zwei großen Kartons im Kofferraum, die ich aus den fünf- oder sechsund-
zwanzig in Gennevilliers untergestellten ausgesucht habe. Die
nächsten zwei Nächte verbringe ich damit, die Briefe und Fotos zu sichten.

Die Kartons enthalten sämtliche Papiere von *France Forever*, dessen Generalsekretärin meine Mutter war. Diese Organisation in den USA hatte sich zum Ziel gesetzt, die Amerikaner über die Arbeit der Résistance und von France Libre* zu

---

* France libre (freies Frankreich) bzw. Forces françaises libres waren die französischen Streitkräfte, die unter Führung de Gaulles, der sich in London
befand, weiter gegen das nationalsozialistische Deutschland kämpften.
(A.d.Ü.)

informieren. 1940–41, bevor Roosevelt in den Krieg eintrat, musste man den Amerikanern beweisen, dass die Franzosen Unterstützung verdienten, dass sie nicht bloß ein Volk waren, das vor dem Besatzer kuschte, wie man in den Sechziger- und Siebzigerjahren gern behauptete. Emmanuelle Loyer beschreibt *France Forever* als »von einer Gruppe in den USA lebender Franzosen gegründete Vereinigung, die das Ziel hatte, ›eine Welle der Sympathie und konkreten Hilfe für France libre auszulösen‹«.*

Ich packe die Reliquien aus, Zeichen einer versunkenen Welt: ein Lothringerkreuz, ein Foto von General de Gaulle mit Widmung für meine Mutter Micheline Rosenberg, getreulich aufbewahrt auch noch von der leidenschaftlichen Antigaullistin, die sie 1958 geworden war. Und die Sammlung der Publikationen von *France Forever*, von meiner Mutter geschrieben und gelayoutet.

Ich habe ein schlechtes Gewissen. Sie hätte sich so sehr gewünscht, dass ich mich zu ihren Lebzeiten mit »ihrem« Krieg beschäftige, der letztlich nicht weniger nobel war als der vieler Emigranten! Doch ich hatte diesen Kampf immer albern gefunden. Als Teenager hatte ich ihr eines schwarzen Tages sogar gesagt, dass Roosevelt wegen Pearl Harbour, ganz sicher nicht dank *France Forever* in den Krieg eingetreten ist. Das war nicht falsch, aber es war dumm und grausam, ihr Engagement und ihre Arbeit um jeden Preis herabwürdigen zu wollen und ihr die im Schatten gebliebenen Helden vorzuhalten, die in Kiew und in den Wüstenschlachten gekämpft hatten.

Für meine Mutter waren die Kriegsjahre in New York, so

* Emmanuelle Loyer, op. cit.

schockierend das klingen mag, wahrscheinlich vor allem spannend. Vielleicht nicht die glücklichsten ihres Lebens, aber sicher die erfülltesten. Wahrscheinlich weil sie die einzigen waren, in denen sie eine Aufgabe hatte, der sie sich voll und ganz, mit viel Talent und Fantasie widmete.

In den Kartons findet sich eine Fülle von Notizen, Plänen und Arbeiten. Warum hat sich eine intelligente Frau später in das konventionelle Leben als Ehefrau und Mutter einsperren lassen, ohne außerhalb nach frischer Luft und Freunden zu suchen, die sie den ganzen Rest ihres Lebens vermisste? Diese Vergeudung erschien der jungen Frau, die ich in den Siebziger- und Achtzigerjahren war, altmodisch. Für mich wie für meine Altersgenossinnen, die versuchten, alle Aufgaben eines Frauenlebens miteinander zu vereinbaren oder vielmehr zu addieren, kam es gar nicht infrage, ihrem Beispiel zu folgen.

Außer diesen Entwürfen, Broschurumschlägen mit Trikolore-Kokarden und Lothringerkreuzen und Leitartikeln, in denen detailliert die ideologischen Unterschiede zwischen General de Gaulle und General Giraud (den die Amerikaner hätschelten, weil sie dem Chef von France libre nicht über den Weg trauten) erläutert wurden, stieß ich auf einen Wust von Papieren und Briefen.

Bis spät in der Nacht sortierte ich den Papierberg: wild durcheinander Heizungsrechnungen für das Haus in Floirac zu Beginn des Krieges, Lebensmittelmarken aus der Gironde 1940 und aus Paris 1945, Briefe von Léger und Matisse an meinen Großvater aus dem Jahr 1939, Gerichtsurteile in Prozessen, die die Familie gegen einige Diebe geführt – und gewonnen – hat, und Briefe, so viele Briefe in Pauls akkurater Schrägschrift, in denen endlich ein wenig von ihm selbst zu ahnen ist.

Sie stammen aus der Kriegs- und Nachkriegszeit und zeugen von der Obsession seines Lebens, seinen Bildern, die er liebte wie lebendige Wesen, vom Kampf um ihre Rückerstattung, der ihn so viele Mühen kostete, von seinem Willen, seine Rechte geltend zu machen und seinen Kindern ein bequemes Leben zu ermöglichen. Viel Schamhaftigkeit in diesen Briefen, was das Persönliche betraf, ein paar schüchterne Gefühlsäußerungen gegenüber seinem Sohn Alexandre, der ihm seit den Fünfzigerjahren die Sorgen um die Galerie abnahm, und seiner Tochter Micheline, die weit von ihm entfernt in Paris wohnte, und schließlich seiner Enkelin Anne, die er »mein liebstes Schätzchen« nannte und die, Worte eines Großvaters, mit fünf Jahren alle Vorzüge hatte, die ein außergewöhnliches Kind nur haben kann!

Unmengen Fotos, die für mich ganz irreal wirken. Der sehr magere und ferne alte Herr meiner Kindheit taucht auf diesen Fotos als junger Mann auf, schon damals sehr dünn in seinem gestreiften Badeanzug, wie er 1925 in einem Schwimmbad in Monte-Carlo (chic, unbedingt chic) meiner Mutter beibringt, den toten Mann zu machen. Oder 1930 mit seiner Frau und den beiden Kindern auf der Eisbahn in Sankt Moritz (chic, immer chic), mit Kniebundhosen und vom Wind zerzaustem Haar.

War er zärtlich, war er fröhlich, dieser Großvater, der zuerst Vater gewesen war, ein Papa, der sich nie so nennen lassen wollte und von seinen Kindern verlangte, dass sie ihn Paul nannten? Das schockierte die sanfte Marguerite Blanchot, die fünfzig Jahre lang bei meinen Großeltern beschäftigt war. Sie sagte immer: »Die Leute werden noch denken, dass Monsieur nicht der Vater der Kinder ist!«

Paul war tatsächlich ein ängstlicher und schamhafter, zurückhaltender Vater, der sich seiner geliebten Tochter eher in Briefen als in Gesprächen öffnete.

In den Fünfzigerjahren beklagte er sich, wie er es sein Leben lang tat, jetzt aber mit immer weniger Zurückhaltung, über seine schlechte Gesundheit und seine Geschäfte, die gut gingen, für seine Begriffe aber miserabel waren. Er machte sich Sorgen wegen der instabilen IV. Republik und über den Koreakrieg, der jeden Moment eskalieren könne, beschwor meine Mutter, mit Mann und Tochter noch einmal Zuflucht in New York zu suchen, schlug sogar vor, nach Argentinien zu gehen, das von dem Teil der Familie, der dorthin emigriert war, als das künftige Eldorado beschrieben wurde. Ausgerechnet nach Argentinien, wie so viele alte Nazis? Noch einmal fliehen, obwohl keine reale Bedrohung bestand? Noch einmal ein Immigrantenleben, weit, immer weiter weglaufen vor einer Gefahr, die doch verschwunden war?

Die Klarsicht hat gesiegt. Zur Erkundung nach Perons Buenos Aires gereist, kehrte mein Großvater schnellstens zurück und ließ die Koffer wieder auspacken. Hat er vorausgeahnt, dass das einst reichste Land Südamerikas (vor dem Zweiten Weltkrieg war Argentinien die fünfte Weltmacht) schon bald von autoritären Regimes, blutigen Diktaturen und einer galoppierenden Inflation in den Ruin getrieben würde?

Seine Angst vor der Zukunft blieb. Dass der Nazi-Albtraum zu Ende war, verschaffte ihm weder Erleichterung noch gar Sorglosigkeit. Als könnte alles, was er war, bei jedem internationalen Zwischenfall wieder infrage gestellt werden: seine Identität, seine Familie. Die Briefe, zum großen Teil den Vorkehrungen gewidmet, die er treffen wollte, damit meine Mutter und ihr Bruder die Galerie halten konnten, spiegeln das Anliegen, das sein ganzes Leben beherrschte: in einer barbarischen Welt die zeitgenössische Kunst zu fördern und für sie zu werben.

Er bat seinen Sohn, die Galerie weiterzuführen, was Alexandre bis zu seinem Tod 1986 auch gewissenhaft tat. Seine Schwester, meine Mutter, sollte ihm blind vertrauen. Und vor allem, vor allem sollte zwischen seinen beiden Kindern immer Eintracht herrschen. Dieser Wunsch wurde noch über seine Ratschläge hinaus erfüllt. Mein Onkel Alexandre hielt das Versprechen, das er seinem Vater gegeben hatte, so gut, dass er auf seine Schwester oft mehr Rücksicht nahm als auf seine eigene Familie.

Alexandre war ein Ästhet, der erste Präsident des Verbands der amerikanischen Kunsthändler und wegen seines untrüglichen Blicks ein von allen Museen geschätzter Experte. Obwohl er seine französische Staatsbürgerschaft behalten hatte, war er ein echter New Yorker geworden und hatte eine Amerikanerin geheiratet, meine Tante Elaine. Der französischen Kultur immer noch stark verbunden, hatte er Wert darauf gelegt, dass seine beiden Töchter, meine Cousinen Elisabeth und Marianne, ihre doppelte Staatsbürgerschaft nutzten und in Paris studierten. Für uns – seine Frau, seine Cousins, seine Schwester, seine Nichten – war er »Kiki« – ein Name, den ihm seine Eltern bei seiner Geburt 1921 in der Wohnung in der Rue La Boétie, mit Picasso als Zeugen, gegeben hatten –, ohne dass uns bewusst wurde, dass dieser kindliche Kosename nicht mehr zu diesem Mann passte, der hinter seiner Intellektuellenbrille sehr ernst war.

Im Gegensatz zu seinem Vater Paul hatte Alexandre diesen

Weg mehr aus Sohnespflicht als aus eigener Neigung eingeschlagen, die eher Literatur, Philosophie und Inkunabeln galt. Er war weniger höflich, weniger weltgewandt als sein Vater, manchmal sogar ruppig. Sosehr er die Malerei liebte, sowenig lag ihm der Handel. So kam es, dass die Galerie Paul Rosenberg nach dem Tod meines Großvaters mehr und mehr von den Beständen zehrte, die freilich ausreichten, dass zwei Familien über fünfzig Jahre lang bequem davon leben konnten, sich aber nach und nach erschöpften. Von anscheinend Hunderten von Bildern, wie ich heute noch in den Zeitungen lese, sind vier bedeutende übrig geblieben, die bei mir zu Hause hängen.

Meinen Onkel kannte ich gut, aber seinen Vater Paul, der das Ende des 19. Jahrhunderts und sowohl die begeisternde als auch die tragische Zeit der erste Hälfte des 20. erlebt hat, kann ich immer noch höchstens in Umrissen zeichnen. Ich muss die letzten Bilder, die ich von ihm habe, und die Briefe vom Ende seines Lebens aus meinem Kopf verbannen und mir vergegenwärtigen, was seine Freude war: die Entdeckung zeitgenössischer großer Künstler und ihre Gesellschaft. Ich muss mich in seine Welt vertiefen: die eines leidenschaftlichen Kunsthändlers.

HÄNDLER

DAS WORT »HÄNDLER« HAT MICH lange gestört – genauer gesagt, wenn es im Zusammenhang mit Kunstgegenständen und Bildern auftritt, »seltenen und schönen Dingen«, wie es auf dem Giebel des Pariser Musée de l'Homme heißt.

Hätte mein Großvater Jeans oder Ölsardinen verkauft, hätte ich das nicht anrüchig gefunden, aber sich durch Geschäfte mit Kunstgegenständen zu bereichern verströmte in meiner Jugend für mich den gleichen Schwefelgeruch wie heute der Beruf des Bankers. Es war nichts Unredliches, aber irgendwie »schmutzig«, und der notorische französische Widerwille gegen Geld verstärkte diese Empfindung noch.

Das Bild des verfemten, im Elend gestorbenen Malers machte mir die Leute suspekt, die es zu ihrem Beruf gemacht hatten, seine Bilder zu verkaufen. Unvergleichlich hingegen erschien mir jemand, der einzig durch die Liebe zur Kunst motiviert wurde, ein nur um die Geschmacksbildung besorgter Mäzen, der selbstlos mittellose junge Künstler förderte.

Papst Julius II., der Michelangelo zum Ruhm verhalf, oder Peggy Guggenheim, die als Milliardärin und Gönnerin ihre wichtigste Aufgabe darin sah, jeden Tag ein Kunstwerk zu kaufen, das war in Ordnung. Aber das Klischeebild vom Händler, der armen Künstlern ihre Werke abkauft und sie dann mit gro-

ßem Gewinn weiterverkauft, flößte mir so viel Widerwillen ein
wie Lucien de Rubempré in Balzacs *Comédie Humaine* die aris-
tokratische Pariser Gesellschaft.

Dann bin ich älter geworden. Ich habe gelernt, dass die
Welt von Proudhon vor allem in Büchern existiert, dass Geld-
verdienen nicht zwangsläufig ein Fehler ist, solange man niemanden ausbeutet, und dass man es sogar moralisch finden
kann, Reichtum zu schaffen und sich nicht damit zu begnügen,
Nutznießer des gesellschaftlichen Reichtums zu sein.

Also ja, mein Großvater Paul Rosenberg war Händler.

Der Beruf war nicht neu. Rembrandt hat den Preis für
seine Gemälde durch öffentliche Versteigerungen in die
Höhe getrieben und so das Ansehen seines Berufs vermehrt.
Bernini hat im 17. Jahrhundert dasselbe getan. Auch van
Gogh und Gauguin wussten, wie der Markt funktioniert. Ambroise Vollard hat nicht nur den Impressionismus durchgesetzt, er war nicht nur der Händler von Cézanne und Gauguin, sondern er vertrat auch ihre Interessen. Durand-Ruel
trug ebenfalls zur Durchsetzung des Impressionismus bei,
den er liebte, und setzte dafür andere Qualitäten ein als die
des bloßen Händlers.

Paul war also Händler, wie sie. Und ein Händler, der Erfolg hatte, obwohl er seinen ästhetischen Erwägungen immer
Vorrang vor den kommerziellen einräumte.

Seine Leidenschaft für die moderne Malerei hat sich erst
nach und nach entwickelt. Das war auch bei Kahnweiler der
Fall, der nicht von Anfang an eine Neigung zur zeitgenössischen Kunst hatte. Er war zunächst Bankier, mit der Kunst
nicht sehr vertraut, und seine Begeisterung für die Maler
seiner Zeit war »die Frucht eines langen Reifungs-, Lern- und

Gewöhnungsprozesses«, wie sein Biograf Pierre Assouline schreibt.[1]

Die Parallele zwischen diesen beiden Männern ist interessant, da ihr Bild in der Kunstwelt so viel gilt. Pierre Assouline zeichnet ein schönes Porträt von Daniel-Henry Kahnweiler, der schon seit Beginn des 20. Jahrhunderts ein begabter Händler war, aber erst nach dem Zweiten Weltkrieg wirklich erfolgreich wurde. Ein sehr ähnlicher Charakter wie Paul Rosenberg, zumindest wie ich ihn sah: »sachlich«, »gebieterisch«, »hart in beruflichen Dingen«, »etwas altmodisch«, »empfänglich für jede Speichelleckerei und maßlos stolz«.

Sie kamen auch aus ähnlichen Verhältnissen, aus einer Kunsthändlerfamilie der eine, der andere aus einer rechtsrheinischen Bankiersfamilie, beide aus dem wohlhabenden Bürgertum. Beide begriffen, was für eine Revolution die Malerei des 20. Jahrhunderts war, auch wenn Paul mehr Geschmack an Picasso und Braque fand, Kahnweiler dagegen eher an Juan Gris, seinem großen Freund, und Vlaminck.

Beide haben es abgelehnt, die Surrealisten in ihre Galerie aufzunehmen, weil sie beide der Meinung waren, dass diese Bewegung in der Literatur legitim und neuartig war, nicht aber in der bildenden Kunst. Beide kümmerten sich nicht um Dalí und Max Ernst, Miró und Magritte.[2]

Und schließlich lehnten es beide ab, ihre Erinnerungen zu schreiben. Paul vermutlich, weil er es für vulgär und unange-

1 Pierre Assouline, *L'Homme de l'art, D.-H. Kahnweiler 1884–1979*, Paris 1989.
2 Als Savador Dalí eines Tages in einem Restaurant auf Paul zukam und ihn höflich bat, ihn zu vertreten, antwortete dieser grob und nicht sehr weitsichtig: »Monsieur, meine Galerie ist ein seriöses Haus und nicht für Clowns da.«

messen hielt. Und Kahnweiler schrieb nie die Autobiografie, die sein Leben verdient hätte, sondern unter anderem ein bis heute maßgebliches Buch über Juan Gris.

Aber damit enden die Ähnlichkeiten. In anderer Hinsicht waren die beiden sehr verschieden.

Zunächst in der Einstellung zu den historischen Ereignissen des 20. Jahrhunderts. Paul, 1914 einberufen, war Soldat gewesen, in den Dreißigerjahren verfolgte er die politischen Entwicklungen mit großer Sorge, kämpfte 1939 für den Boykott des Kunstausverkaufs durch die Nazis und musste 1940 vor den Deutschen fliehen. Kahnweiler war ein hartnäckiger Pazifist und weigerte sich – was sehr mutig war! – im Ersten Weltkrieg, auf einer der Seiten zu kämpfen; er war ein erbitterter Gegner der Nazis, aber er wollte bis zum Tag vor dem deutschen Überfall auf Polen nicht an einen Zweiten Weltkrieg glauben und schaffte es, sich bis zur Befreiung in Frankreich versteckt zu halten. Er verkaufte seine Galerie an seine Schwägerin, Louise Leiris, eine Katholikin aus Burgund, und konnte sich so während der Besatzung einen gewissen Wohlstand bewahren.

Rosenberg und Kahnweiler hatten auch eine unterschiedliche Laufbahn: Paul, der sich mit der impressionistischen Malerei schon einen Namen gemacht hatte, wurde nach dem Ersten Weltkrieg mit der Kunst der Moderne berühmt. Kahnweiler engagierte sich schon vor ihm, zu Beginn des 20. Jahrhunderts, für die zeitgenössische Kunst und schuf sich darin rasch einen guten Ruf. Dann aber folgte ein langer Marsch durch die Wüste, und erst nach 1945 kam der große Erfolg. Zu dieser Zeit war Paul nicht mehr in Frankreich.

Paul ahnte schon sehr früh, dass die Vereinigten Staaten

Europa ablösen würden, sowohl was den Kunstmarkt als auch was neue künstlerische Anstöße betraf, und bemühte sich ab 1922, den Amerikanern die moderne Kunst nahezubringen. Daniel-Henry Kahnweiler blieb sein Leben lang überzeugt, dass Paris die Welthauptstadt der Kunst sei, und glaubte bis zu seinem Tod an die Vorherrschaft des alten Europa.

Die historischen Ereignisse des vergangenen Jahrhunderts wiederum spielten beiden ähnlich mit: Der Krieg von 1940 schnitt Paul von seinen Künstlern ab wie der Erste Weltkrieg Kahnweiler von den seinen. Sie verdienten ihr Vermögen im Abstand eines Krieges. Pauls Ruhm in der Kunstwelt begann nach dem Ersten Weltkrieg zu steigen, Kahnweiler erwarb sich den seinen vor allem nach der Befreiung, als er wieder die Vertretung der Künstler übernahm, die ihn in den Zwanzigerjahren verlassen hatten, und insbesondere zum offiziellen Händler Picassos wurde.

Persönlich scheinen die beiden Männer keine gute Beziehung gehabt zu haben. In Pauls Hinterlassenschaft habe ich nichts Unfreundliches über Kahnweiler gefunden, doch wie Assouline schreibt, urteilte umgekehrt Kahnweiler hart über all seine Kollegen, auch über meinen Großvater. Er war sicher wütend und verletzt wegen des Verhaltens von Léonce Rosenberg, der Kahnweilers kubistische Maler an sich gezogen hatte, als dieser im Ersten Weltkrieg im Schweizer Exil war. Zudem hatte Léonce in den Zwanzigerjahren die Expertise für die Liquidation des Besitzes von Kahnweiler erstellt, den der französische Staat wegen dessen deutscher Staatsangehörigkeit im Ersten Weltkrieg konfisziert hatte. Aber Kahnweilers Härte erstreckte sich Assouline zufolge auch auf Léonces Bruder Paul, über den er sich ziemlich abfällig geäußert haben soll.

Paul, der Bilder aus dem 19. Jahrhundert verkaufte, um solche aus dem 20. kaufen zu können und den Künstlern Geld zum Leben zu verschaffen, hatte beschlossen, mehr Mittel aufzuwenden als andere Händler, um die Maler zu finanzieren, die er unter Vertrag nahm. Er wollte die Künstler (vor allem Picasso, Braque, Léger und Matisse) so großzügig ausstatten, dass sie frei waren zu malen. Kahnweiler, dem Picasso – zu Unrecht? – nachsagte, er sei knauserig, setzte seine Ehre darein, sie nicht besonders teuer zu bezahlen und niemals höher zu bieten.

Als Léger zu ihm kam und sagte: »Paul Rosenberg gibt mir doppelt so viel wie Sie«, antwortete Kahnweiler: »Sehr gut, dann gehen Sie zu Rosenberg.«[1] Sodass in den Zwanziger- und Dreißigerjahren Picasso, Braque und Léger (sogar Masson nach 1930 eine Zeit lang) einen Vertrag mit Paul unterschrieben, Vlaminck zu Bernheim-Jeune und Derain zu Paul Guillaume ging. Bei Kahnweiler blieben nur sein Freund Juan Gris, der ständige Rivale Picassos, und einige weniger bedeutende Künstler.

Man kann verstehen, dass Kahnweiler deswegen verärgert war, aber Paul hatte sich entschieden, den zeitgenössischen Künstlern Geltung zu verschaffen, also sorgte er für ihre Bequemlichkeit und ihren Ruhm. Und er war einer von denen, die das goldene Zeitalter der französischen Malerei in der Zwischenkriegszeit verkörperten. Denn, schreibt Michael Fitzgerald im Zusammenhang mit Paul, »der Markt spielte keine unbedeutende Rolle in der Entwicklung der modernen Kunst, er war ein zentraler Faktor«.[2]

1 Zitiert nach Pierre Assouline, op. cit.
2 Michael C. Fitzgerald, *Making Modernism: Picasso and the Creation of the Market for Twentieth-Century Art,* Berkeley 1995

Dass Picassos Kunst sich ab den Zwanzigerjahren ständig weiterentwickelte, war auch Paul zu verdanken, der ihn förderte und dazu anregte, in seiner Arbeit neue Wege zu gehen. Pauls Gespür dafür, dass die turbulenten Strömungen des 20. Jahrhunderts die Auseinandersetzung mit früheren Epochen der französischen Malerei brauchten, hat den zeitgenössischen Malern gut getan. Gewiss besser, als den Kubismus, und nur den Kubismus, zu verfechten. Wie die amerikanische Presse sehr oft hervorgehoben hat, war Paul bis zum Zweiten Weltkrieg der größte Kunsthändler Europas, mit Werken von Delacroix bis Picasso. »Stellen Sie sich vor«, schrieb in den Vierzigerjahren eine große kalifornische Zeitung, »zweimal im Jahr ins Atelier von Matisse und Picasso gehen zu können, vierzig ihrer besten Gemälde anzuschauen und zu sagen: ›Ich nehme sie alle‹. Das tat bis zum Krieg Paul Rosenberg.«

Kahnweiler und Rosenberg unterschieden sich auch in ihrer Politik gegenüber Museen. Kahnweiler, der sicher verbittert war über die jahrelange Beschlagnahmung seines Vermögens und meinte, dem Staat wider Willen schon genug überlassen zu haben, »machte nicht gern Schenkungen an Museen. Da hatte seine Großzügigkeit ihre Grenze.«* Paul hingegen war sehr freigebig. Er war Amerika dankbar, dass es ihn 1940 als Flüchtling aufgenommen hatte, und schenkte viele seiner Bilder (von Picasso, Renoir und van Gogh) amerikanischen Museen, in New York und anderswo. Und später, glücklich darüber, dass er viele der gestohlenen Bilder zurückerhielt, überließ er dem französischen Staat – vor allem dem Pariser Musée d'Art moderne – etwa dreißig große, wertvolle Gemälde.

* So Pierre Assouline, op.cit.

Pauls Weg verlief also über die Impressionisten zu den Modernen. Noch Anfang der Fünfzigerjahre bewies er seine Offenheit für neue Entwicklungen, er nahm Nicolas de Staël unter Vertrag und versuchte, die Malerei von Le Corbusier bekannt zu machen, die nie »lief«. Er bewies sie auch mit seinen Ausflügen zu amerikanischen Malern, die bis dahin ein Geheimtipp waren, wie Max Weber, Karl Knaths und Abraham Rattner.

Aber die Schwelle zur nächsten Generation überschritt er nicht, die ihn zu seinen Lebzeiten beispielsweise zu Edward Hopper oder Willem de Kooning hätte führen können. Er hätte auch Jasper Johns oder Rothko kaum gemocht, wenn er sie erlebt hätte. Und auf die Pop-Art Rauschenbergs oder Andy Warhols hätte er sich mit Sicherheit nicht eingelassen. Wenn es um die Anerkennung neuer Entwicklungen in der Moderne geht, stößt man immer an seine Grenzen.

Als die Zeitschrift *Art in Australia* den schon erwähnten Artikel über die in Frankreich gebliebenen Künstler abdruckte, stellte sie Paul, der ein gutes Jahr zuvor in die USA gekommen war, als den Mann vor, der die Künstler vor dem Krieg besser kannte als irgendjemand sonst. In seinem Artikel schrieb Paul unter anderem: »Maler, die ihrer Zeit voraus sind, gibt es nicht. Es ist das Publikum, das manchmal der Entwicklung in der Kunst hinterherhinkt. Wie viele Irrtümer sind begangen worden, wie viele später große Maler haben im Elend gelebt, nur wegen der Ignoranz der Kunsthändler und ihrer Weigerung, diese Künstler zu unterstützen, nur weil sie diesen oder jenen Aspekt ihrer Kunst nicht mochten oder nicht verstanden! (…) Allzu oft sucht der Betrachter bei sich nach Argumenten gegen ihre Kunst, statt zu versuchen, sich von seinen konventionellen Auffassungen zu befreien.«

Zur Illustration hatte Paul stets einen Text des Kunstkritikers Albert Wolff zur Hand, der 1876 sehr passend im *Figaro* erschienen war. Die »Impressionisten« – ein Attribut, das als Beleidigung gemeint war, das die Betroffenen dann aber gerne für sich in Anspruch nahmen – hatten zwei Jahre zuvor von sich reden gemacht, und den Konservativen fiel es schwer, etwas, das sie nicht verstanden, als genial anzuerkennen. Paul verwendete den Text oft als Gegengift gegen das Unverständnis seiner Zeitgenossen – er war auch dem Katalog seiner letzten großen Picasso-Ausstellung in Paris 1936 vorangestellt:

»Die Rue Le Peletier hat viel Pech. Nach dem Brand der Oper ist nun eine neue Katastrophe über das Viertel hereingebrochen. Bei Durand-Ruel ist eben eine Ausstellung eröffnet worden, von der man behauptet, es sei Malerei. (…) Manche Leute stehen prustend vor diesen Sachen. Mir krampft sich das Herz zusammen. Diese sogenannten Künstler nennen sich die Unnachgiebigen, die Impressionisten; sie nehmen eine Leinwand, Farbe und Pinsel, verteilen nach dem Zufallsprinzip ein paar Kleckse darauf und signieren das Ganze. So sammeln verwirrte Geister in der Klinik Ville-Evrard Steinchen auf ihrem Weg und bilden sich ein, sie hätten Diamanten gefunden. (…) Machen Sie Herrn Pissarro doch begreiflich, dass Bäume nicht violett sind, dass der Himmel nicht die Farbe von frischer Butter hat, dass man die Dinge, die er malt, in keinem Land der Erde sieht (…) Versuchen Sie doch, Herrn Degas zur Vernunft zu bringen (…). Versuchen Sie, Herrn Renoir zu erklären, dass der Oberkörper einer Frau kein Haufen sich zersetzenden Fleisches ist, mit grünen und blauroten Flecken darin, die vom Zustand vollständiger Verwesung eines Kadavers zeugen! (…) Und diesen Haufen unflätiger Dinge unterbreitet man dem Publikum, ohne an die verhängnisvollen Folgen zu denken, die sie nach sich ziehen können! Gestern hat man in der Rue Le Peletier einen armen Mann verhaftet, der, als er aus dieser Ausstellung kam, die Passanten gebissen hat.«[1] Der Artikel ist hübsch geschrieben, die Attacke wirkungsvoll, doch der Spott fällt ein paar Jahrzehnte später auf den Verfasser zurück.

Gegen solche Voreingenommenheit hat Paul gekämpft. »Bäume sind nicht violett« … Aber war er wirklich ein Visionär, oder hat er – das wäre schon viel – die Erneuerer der Malerei nur begleitet und sie unter die Klassiker gemischt, damit sie eher akzeptiert wurden? Wie weit ging seine Kühnheit? Wie begriff er die Rolle des Kunsthändlers auf dem Markt, der sich nach und nach herausbildete?

Als seine Nichte Lucienne, die Tochter seines Bruders Léonce, nach dem Krieg selbst eine Galerie eröffnen wollte, schrieb er ihr: »Mach nicht den gleichen Fehler wie Dein armer Vater und beschränke Dich nicht auf die avantgardistische Kunst. Mische Deine Ausstellungen so, dass sie alle Kunden anspricht, sowohl die fortschrittlichen als auch die konservativeren. Eine Galerie nur mit Kunst führen zu wollen, die ihrer Zeit voraus ist, ist eine Sackgasse, wenn man kein Geld hat. Man muss es nach und nach angehen.«[2]

So hat Paul selbst angefangen, und vor ihm schon sein Vater.

Mein Urgroßvater Alexandre war Getreidehändler. Weit, sehr weit entfernt von der Kunst. Als er eines Tages wegen einer havarierten Ladung bankrottging, beschloss er, seine letz-

1 Albert Wolff, in: *Le Figaro*, 3. April 1876
2 Familienarchiv

ten Ersparnisse zu verschwenden und sich endlich mit dem zu umgeben, was er wirklich liebte, »Kunstgegenstände und Kuriositäten«. Er sagte dem Getreidehandel Adieu und wurde Antiquitätenhändler in der Avenue de l'Opéra 38.

Ich habe mir lang die Fassade dieses uninteressanten Gebäudes angeschaut. Es liegt am Ende der Avenue, fast an der Place de l'Opéra, eines jener Häuser, in denen heute Versicherungen und Fluggesellschaften ihre Büros haben. Eine Kunstgalerie kann ich mir schwer vorstellen an diesem Ort, der im Schatten der Opéra Garnier liegt und vor allem für Firmenniederlassungen und Touristen auf der Suche nach Duty-Free-Shops bestimmt scheint.

Eines Tages ersteigerte der frischgebackene Antiquitätenhändler Alexandre Rosenberg in der Salle Drouot für 87,50 Francs ein Bild, das ihm gefiel. Es war ein Sisley, das erste impressionistische Gemälde, das er nach Hause brachte, zu einer Zeit, als fast niemand außer Ambroise Vollard und besonders Paul Durand-Ruel das Wesen dieser neuen Richtung verstand. Die großen Kämpfe zu ihrer Durchsetzung waren zwar vorbei, aber das Publikum war noch nicht so weit. Neugierig geworden auf die neue Bewegung, entdeckte mein Urgroßvater Manet, Monet, Renoir und verliebte sich in diese Malerei.

Wahrscheinlich war es das, was mich mit dem Wort Händler versöhnt hat: Mein Urgroßvater, der mit nichts angefangen hatte, holte die fehlende Kunstbildung nach, indem er auf seinen eigenen kühnen Geschmack vertraute. Geht es dann wirklich nur ums Geschäft? Die Bilder, die er kaufte – und schlecht verkaufte –, waren die Werke von illustren Unbekannten. Es war vor allem eine Leidenschaft, die zum Beruf wurde.

Der einzige Textentwurf seines Sohnes Paul, meines Großvaters, war der Anfang einer Autobiografie, die er wohl während des Kriegs in New York begann, aber aus Zeitmangel, Schamhaftigkeit und Schüchternheit nie vollendete.

»Eines Tages [als ich etwa zehn Jahre alt war], führte [mein Vater] mich vor das Schaufenster eines Händlers in der Rue Le Peletier, um mir ein Bild zu zeigen, bei dessen Anblick ich entsetzt aufschrie. Stellen Sie sich ein sehr gedrungenes Bild in grellen Farben vor, auf dem ein mit rotem Stoff bedecktes hölzernes Bett, ein gewöhnlicher Holztisch mit einem Wasserkrug und einer Schüssel und an der Wand hängende unförmige Kleider zu sehen sind. Der Fußboden schien mir bucklig, und die Möbel machten den Eindruck, als ob sie tanzten und – wie in einem Zeichentrickfilm – aus dem Bild herausspringen und durchs Fenster fliehen wollten. Mein Vater beruhigte mich und sagte: ›Ich kenne diesen Künstler nicht, außerdem ist das Bild nicht signiert, aber ich werde mich erkundigen, denn ich möchte es kaufen.‹ Es war ein van Gogh und hängt heute im Art Institute in Chicago, dem ich es – Ironie des Schicksals – etwa dreißig Jahre später selbst verkaufte.«*

In die Impressionisten, in van Gogh und Cézanne flossen alle Ersparnisse von Alexandre Rosenberg, was seine Frau wahnsinnig machte. »Meine Mutter«, erzählt Paul in diesem Entwurf einer Familiengeschichte, »behauptete, ihr Mann sei verrückt geworden und ruiniere seine Kinder. ›Was werden unsere Freunde und Kunden nur denken‹, seufzte sie. Den Höhepunkt erreichte ihr Zorn, als ein van Gogh und ein Cézanne ins Haus kamen. Sie schrie auf der Treppe: ›Kinder, euer Vater wird immer verrückter, er kauft Vannn Govogh und Ces

* *Zimmer von van Gogh in Arles,* das immer noch im Art Institute in Chicago zu sehen ist.

Anes‹.* Und tatsächlich, alle, die zu uns kamen, brachen vor einem gelben oder blauen Monet in Gelächter aus, obwohl sie Sammler oder Kenner waren, und sagten, in der Natur gäbe es kein Äquivalent dafür. Eines Tages beim Mittagessen klingelte das Telefon. Mein Vater nahm den Hörer ab. ›Wie viel ich für meinen Cézanne will? 6000 Francs, darunter ist nichts zu machen – Aha, gut, Sie nehmen ihn?‹ Er war nicht unglücklich, seiner Frau zu beweisen, dass es noch Verrücktere gab als ihn!«

Die Impressionisten kamen also ins Haus von Urgroßvater Rosenberg, zu einer Zeit, als es nur wenige Liebhaber dafür gab und die Händler lieber Bilder aus der Schule von Barbizon verkauften als die aus dieser gar nicht mehr so neuen Richtung. Die Wahrnehmung des Publikums hinkt der Zeit oft hinterher.

Monet, Manet, Pissarro, Sisley, Courbet, Daumier, Lautrec, Cézanne, van Gogh schmückten seither die Galerie in der Avenue de l'Opéra. Auch Renoir, von dem mein Urgroßvater das Bild *Petite Fille à l'arrosoir* erwarb, das sein Sohn Paul sehr viel später dem großen amerikanischen Sammler Chester Dale verkaufte. Es war das erste Bild – und eines der schönsten – der Serie, die 2009 bei der eindrucksvollen Ausstellung der Sammlung Chester Dale in der National Gallery of Art in Washington gezeigt wurde.

Ich ging hin, um zu sehen, ob es so anmutig ist wie die berühmte Reproduktion, und war geblendet von der Sonne, die Renoir im leuchtenden Haar des Kindes spielen ließ und damit Leben in die Schatten auf seinen Wangen brachte.

* Die Verballhornung von Cézanne. Ces anes: diese Esel. (A.d.Ü.)

CHÂTEAUDUN, OPÉRA UND MADISON AVENUE

ICH HABE DEN VERGILBTEN, zerfledderten Geburtsregisterauszug von Paul wiedergefunden: Er ist am 29. Dezember 1881 in der Rue de Châteaudun 29 in Paris geboren, als Sohn von Alexandre Rosenberg und Mathilde Jellinek. Die Namen klingen nach Ungarn beziehungsweise Bratislava, das heute die Hauptstadt der Slowakei ist und damals zur k.u.k. Monarchie gehörte.

Ich habe meine Mutter immer stolz sagen hören – wahrscheinlich infolge des Traumas von 1940 –, sie sei seit zwei Generationen Französin. Aber das stimmt so nicht ganz: Obwohl ihr Vater tatsächlich in Frankreich geboren ist, war er nicht automatisch von Geburt an Franzose. Das Gesetz vom 26. Juni 1889, nach dem auf französischem Boden geborene Kinder Staatsbürger mit allen Rechten und Pflichten sind, wurde zwar angewendet, aber die Staatsbürgerschaft erhielten sie erst bei der Volljährigkeit. Paul hätte sich 1902, als er einundzwanzig wurde, offiziell einbürgern lassen müssen. Doch zu der Zeit war er in London, um seinen Beruf zu lernen, und ließ den Termin verstreichen. War die nationale Identität der Familie also schon zu Beginn des 20. Jahrhunderts gefährdet?

Da finde ich in den verstaubten Kartons ein zweites Dokument, aus dem Jahr 1913, mit der Bestätigung seiner Einbürgerung, um die er doch noch ersucht haben muss, was die letzte Möglichkeit für ihn war, Franzose zu werden. Das Schreiben ist von Louis Barthou, dem damaligen Siegelbewahrer, unterzeichnet – jenem Barthou, der 1934 bei dem Ustascha-Attentat auf Alexander I. von Jugoslawien in Marseille ums Leben kam.

Mein Großvater ist also, obwohl in Paris geboren, auf seinen Wunsch hin Franzose geworden, nicht durch Geburt. In einem Frankreich, das kurz vor dem Ersten Weltkrieg froh war, so viele seiner alten und neuen Kinder wie möglich einzuberufen. Kurz, von dieser Seite her bin ich eine relativ frische Französin. Auch die Gesetze der III. Republik waren für die Kinder von Einwanderern nicht sehr viel günstiger.

Paul trat im Januar 1898, mit sechzehn Jahren, in das Geschäft seines Vaters ein. »Er wünschte, dass ich den Beruf früh lernte. Er begann damit, mich Briefe kopieren und in ein Register eintragen zu lassen. Nach acht Tagen erklärte ich ihm, ich würde erst weitermachen, wenn ich mit meinem Studium der Kunst fertig sei. Er stimmte zu, und ich lief in die Museen und machte mir Notizen.«* Gewissenhaft begann er mit der Kunst der Antike und studierte die Chaldäer, Ägypter und Griechen, bis er bei den Modernen anlangte. In den Ferien reiste er zu allen Museen Europas und lernte sie kennen. »Dass ich die italienischen und flämischen Maler des 14. und 15. Jahrhunderts kannte, ihre Ausdrucksformen, ihre Lebensart und die Schriften studiert hatte, die sie für ihren künstlerischen Ausdruck verwendeten, hat mich schon sehr früh zu der Einsicht gebracht, dass es kein bestimmtes Verfahren gibt, dass es nur auf die Gesetze des Bildaufbaus, die Farbbeziehungen, Volu-

* Paul Rosenberg: »Je suis né …«, Entwurf zu einer Autobiografie, aus dem die Zitate in diesem Kapitel stammen. Familienarchiv

men, Linien und das, was sie ausdrücken wollen, ankommt. (…) Ich ging mit meinem Vater aus, der mich in den Beruf des Antiquitätenhändlers einführte und meine Eindrücke korrigierte. Bis ich anmaßend wurde und seine Ankäufe kritisierte, wenn er sie in meiner Abwesenheit getätigt hatte.«

Aber er lernte, manchmal mehr schlecht als recht: »Wir hatten ein altes Meißner-Porzellan-Service mit rosa Grund und besaßen auch ein Meißner Porzellanfässchen in derselben Farbe. Einer unserer Kunden, der Fürst St. L., kam eines Tages zu uns, und ich verkaufte ihm das Service, und als Zugabe schenkte ich ihm das Fässchen, das für sich allein mehr wert war als das ganze Service. Erstaunt über den Preis, bestand der Käufer darauf, alles selbst mitzunehmen. Sehr stolz auf diesen Verkauf, erzählte ich meinem Vater davon, der mich alles Mögliche schimpfte und erklärte, ich würde nie fähig sein, diesen Beruf auszuüben! Ich muss gestehen, dass ich nicht stolz bin auf meine Anfänge als Geschäftsmann …«

Doch mit der Zeit wurde das Auge geschulter und Paul hielt seine Lehrzeit für beendet. »Da du dich so gut auskennst«, sagte da sein Vater, »geh nach London, eröffne ein Haus, mach Geschäfte und versuche, dich nicht zu irren.« Der junge Mann fuhr also mit neunzehn Jahren nach London, stolz, arrogant und sicher, mit Lorbeeren überhäuft zu werden. »Aber leider waren meine ersten Erfahrungen nicht besonders glücklich. Ohne meinen Vater war ich führerlos und konnte mich auf niemanden stützen.« So suchte er etwa nach Bildern von Alfred Stevens* und stürzte sich auf einen A. Stevens, der, wie sich herausstellte, von einem Agrippa, nicht von Alfred Stevens war und keiner-

* Ein eher akademischer belgischer Maler

lei kommerziellen Wert hatte. Aber er machte Fortschritte, kaufte für 250 Pfund zwei Monets, dann für 40 Pfund zwei Zeichnungen von van Gogh und gewann allmählich das Vertrauen seines Vaters, der sich aus dem Handel mit Kunstgegenständen zurückzog, um sich nur noch den Bildern zu widmen, und wünschte, dass seine Söhne ebenfalls Händler wurden.

1906 übergab Vater Rosenberg den beiden Söhnen das Geschäft in der Avenue de l'Opéra 38, und Paul bemerkte schnell, dass der Verkauf von Impressionisten nicht ausreichte, um Geld zu verdienen. »Wir waren gezwungen, ›verkäufliche‹ Bilder anzukaufen.« Verkäuflich hieß, Bilder aus der Schule von Barbizon, die den Zeitgeschmack immer noch beherrschte. Aber vielleicht nicht einmal das: Paul versuchte vergeblich, einem Kunden einen Ziem* zu verkaufen, der 6000 Francs für eine Ansicht von Venedig mit einem schiefen Campanile zu teuer fand. Er versuchte auch, einem Nachkommen der Bourbonen ein Porträt von Ludwig XIV. zu verkaufen, aber der war enttäuscht, als Paul ihm ganz naiv erklärte, er sähe seinem Ahnen gar nicht ähnlich.

Trotzdem: »Ich hatte Erfolg, aber der Gedanke quälte mich, dass ich Bilder verkaufte, die ich nicht mochte und die nach meiner Überzeugung in Zukunft keinen Bestand haben würden. Das war der Moment, in dem ich beschloss, alles, was ich besaß, zu verkaufen und in die Impressionisten zu stecken. Mir wurde klar, dass ich, wenn ich es erfolgreich mit den großen Häusern aufnehmen wollte, die damals zählten, nur ausgesuchte, vorzügliche Werke ankaufen durfte und auf die Zeit vertrauen musste, um mir einen Ruf zu schaffen.«

* Französischer Maler aus der Schule von Barbizon

Das waren die beiden Lektionen, die er aus seiner Lehrzeit mitnahm und ein paar Jahre später in die Tat umsetzte. Erstens die Erfahrungen, die er mit den Impressionisten gemacht hatte, noch einmal anzuwenden, aber etwas verschoben: Diesmal verkaufte er ihre Bilder, um seinen Lebensunterhalt zu sichern und abwarten zu können, dass die Kunstliebhaber auf den Geschmack kamen und die ihm teuren zeitgenössischen Werke kauften. Innerhalb von zehn Jahren kam er so in zwei Etappen von der Schule von Barbizon zu Pablo Picasso.

Die zweite Lektion war der Ruf, den er sich von da an für den Rest seines Lebens erwarb: Auch von der neuen modernen Malerei wollte er nur die außergewöhnlichen Stücke besitzen. In den vierzig Jahren seiner Galerien in Paris und New York, von der seines Vaters in der Avenue de l'Opéra bis zu seiner eigenen an der Madison Avenue, blieb sein Markenzeichen die höchste Qualität der von ihm angebotenen Werke.

Doch über seiner Leidenschaft für die Modernen vergaß er nie seine große Liebe zu Renoir.

Vor einiger Zeit fand im Grand Palais in Paris eine Ausstellung von Renoirs Spätwerk statt, und ich habe sie mir vom Ende her angeschaut. Ich gestehe, dass mich die leichte Malerei Renoirs eher langweilt, sie ist zu oft reproduziert worden, zu etabliert, auf Tausenden von Postern und Tischsets abgedruckt. Mir geht es etwa so wie dem Musikliebhaber, der Mozarts 41. Sinfonie im Klassikradio nicht mehr hören kann, weil sie von sämtlichen Orchestern der Welt wieder und wieder gespielt worden ist.

Für mich verdarb die verschwommene, rote, allegorische letzte Phase von Renoir sein ganzes früheres Werk. Dieses schroffe Urteil, das ich, wie ich glaubte, über meine Mutter von Paul hatte, schien mir unwiderruflich.

Doch die Ausstellung mit dem Titel »Renoir im 20. Jahrhundert« war ein Genuss. Sie vereinigte Bilder aus den Jahren 1880–90, als sich Renoir von der Revolution der Impressionisten entfernte, die in der Natur arbeiteten, und stattdessen Porträts von lieblichen, verträumten jungen Mädchen malte – das reizende Profil von Gabrielle, dem Kindermädchen seines Sohnes Jean, Badende bei der Toilette, Szenen aus dem bürgerlichen Alltag (Frauen beim Kämmen, bei der Lektüre, am Klavier oder beim Nähen) und Akte mit üppigen Kurven wie von Boucher und Rubens. Unter den allerletzten Bildern auch *Die großen Badenden*, das Renoirs Söhne kurz nach seinem Tod 1923 dem Staat geschenkt hatten. Ich mag dieses Bild nicht, obwohl Renoir selbst es für die »Krönung«, ein »Sprungbrett zu künftigen Entwicklungen« hielt. In meiner Abneigung gegen die weichfleischigen Odalisken traf ich mich spontan mit dem klaren Urteil, das die Familiengeschichte Paul zuschrieb.

Nur »zuschrieb«, denn am Ende der Ausstellung entdeckte ich überrascht eine ganze Wand voller riesiger Fotos von der Ausstellung, die Paul 1934 Renoir gewidmet hatte und auf der er eine Auswahl von Werken aus den letzten Jahren des Malers zeigte. Dort fand ich alle Bilder wieder, die den Reichtum der Retrospektive im Grand Palais ausmachten, einschließlich der *Badenden*, die ich heute schlaff und zu rosig finde.

Eines der Bilder dieser Ausstellung, das unter seinem amerikanischen Titel *Reclining Nude* bekannt ist, hatten meine Großeltern 1956 dem New Yorker MoMA geschenkt: Es war der erste Renoir in diesem Museum, das ihn erst vor ein paar

Jahren verkaufte, um dafür einen van Gogh zu kaufen – die amerikanischen Museen dürfen ihre Bilder verkaufen und andere kaufen. Nun war es eine der Attraktionen in der Ausstellung im Grand Palais 2009, eines jener Bilder, die nach deren eigenen Worten sowohl Picasso als auch Matisse inspiriert haben.

Paul hat zwei seiner Besuche in Renoirs Atelier sorgsam festgehalten: am 21. November 1919, kurz vor Renoirs Tod, und am 6. Dezember 1919 bei seiner Beerdigung. Im November findet er den alten Maler in seinem Atelier ganz hinten in seinem Anwesen Les Collettes in Cagnes: »Er schien sich zu freuen, mich zu sehen, und obwohl er mir abgemagert erschien, war er immer noch heiter, froh zu malen, und lausbübisch, wie er es wohl immer gewesen ist. (…) Ich brachte ihm die Fotografie einer Corot-Figur mit, die ich gerade erworben hatte, und er sagte: ›Corot steht im 19. Jahrhundert ganz für sich, er gehört allen Zeiten an.‹

Vor Sonnenuntergang brachte man Renoir vom Atelier in die Villa zurück (…). In einen Pelz gemummelt und mit einer Mütze auf dem Kopf saß er in einem Tragsessel. Ich ging barhäuptig neben ihm her und sprach über das schöne Schauspiel der Natur. Olivenbäume säumten den Weg, Frauen pflückten die reifen Oliven, Kinder spielten, Hunde ruhten sich in den letzten Sonnenstrahlen aus, und die Frauen sagten ›Guten Abend, Monsieur Renoir‹, die Kinder hörten zu spielen auf und die Hunde liefen zu ihrem Herrn. Und er neigte den Kopf wie ein Hohepriester und antwortete mit seinem gutmütigen Lächeln ›Guten Abend, guten Abend‹.

In diesem Augenblick wurden das Meer, das man zwischen

den immer knorriger wirkenden Olivenbäumen sah, blauer, die Frauen schöner und die Sonne wärmer, sie drückten ihre Bewunderung für diesen Mann aus, der es verstanden hatte, der Maler der Frau, der Natur und der Sonne zu sein.«[1]

Zwei Wochen später kehrte Paul nach Les Collettes zurück, um an Renoirs Begräbnis teilzunehmen, der am 3. Dezember gestorben war. Er war einer der wenigen Menschen, die zur Beerdigung einer der Symbolgestalten der französischen Kunst des 19. und Anfang des 20. Jahrhunderts angereist waren.

»Sein Sarg ruhte auf einem einfachen, mit alten Straußenfedern geschmückten Leichenkarren ohne Pferde. (…) Der Trauerzug setzte sich in Bewegung, auf der abschüssigen Straße von Les Collettes in das Dörfchen Cagnes wurde der Karren von den Männern gebremst. Eine Kirche, oder eher ein sehr einfacher Schuppen mit grob zusammengenagelten Bänken nahm die Menge und Freunde aus der Nachbarschaft auf, der Sarg stand vor dem Altar gegen zwei zweiflüglige Türen, deren Jalousien heruntergelassen waren.

Der Gottesdienst begann, er war schlicht, ohne Reden, ohne Musik, ohne Gepränge, wie es sich Renoir gewünscht hätte. Der Priester, sein Freund, ein hochgewachsener Mann, sprach die rituellen Gebete, aber so bewegt, dass die ganze Versammlung mitgerissen wurde: Eine Eloge auf den großen Maler, den großherzigen Menschen und großen Gläubigen, der trotz seiner scheinbaren Aufsässigkeit gegen die Religion immer die Schönheit der Natur gefeiert hatte (…) Ich dachte, zu anderen Zeiten, in anderen Epochen hätte er ein Staatsbegräbnis erhalten.«[2]

1 Familienarchiv
2 Ebd.

Abgesehen von dem erwähnten Bericht über seine beruflichen Anfänge schrieb Paul sehr wenig, hie und da ein Vorwort oder einen Artikel für eine Kunstzeitschrift. Aber keine Memoiren. War er zu beschäftigt, zu schüchtern, zu nachlässig, zu depressiv oder zu klarsichtig? Dabei war er begierig nach Anerkennung. Und doch unternahm er nichts, um sie durch Theoretisierung seiner Ansichten über die Kunst zu befördern.

Es gibt also wenig Schriftliches von Paul Rosenberg, an das man sich halten kann. Ich kann nicht einmal sagen, wie er den Ersten Weltkrieg erlebt hat. Ich habe keine Briefe von der Front gefunden – wahrscheinlich sind sie in den Wirren des Jahres 1940 verloren gegangen –, die er an seine noch ganz junge, sehr hübsche Frau geschrieben haben muss, die er einen Monat vor Kriegsbeginn geheiratet hatte. 1914 wie all seine Altersgenossen eingezogen, wurde er 1916 aus Gesundheitsgründen aus dem Militär entlassen. Damals schon das Magengeschwür, das ihn sein Leben lang quälte. Ich habe nur ein vergilbtes Foto von ihm als einfacher Soldat mit Schnurrbart, auf dem er allen Frontsoldaten dieses Krieges gleicht.

Auch kaum Aussagen über seine politischen Ansichten. Er war in den Vierzigerjahren, in der Zeit von France libre, ein glühender Bewunderer von de Gaulle, doch nach dem 13. Mai 1958* kehrte er sich heftig von ihm ab und war von da an erklärter Antigaullist. Er lebte zwar in New York, aber er konnte die französische Arroganz – die für den General konstitutiv

---

* Datum des Putschs von Algier durch einen Teil der französischen Militärs in Algerien, die um die französische Kolonialherrschaft fürchteten. De Gaulle machte ihm durch seine Rückkehr an die Macht ein Ende, nach weiteren sechs Jahren dann auch dem Algerienkrieg. 1964 wurde Algerien in die Unabhängigkeit entlassen. (A.d.Ü.)

war, wie man sagte – gar nicht heftig genug geißeln, was meine Eltern dazu zwang, ein Regime und einen Präsidenten gegen ihn zu verteidigen, den auch sie nicht mehr bewunderten wie noch 1940. Aber ob man will oder nicht, die V. Republik und ihr Gründer standen für einen gewissen Neubeginn in Frankreich, was in den USA verkannt wurde, wo die französische Außenpolitik seither immer kritisiert und vor allem oft nicht verstanden wurde.

Paul Rosenberg, der als Angehöriger der Bourgeoisie geboren ist und gelebt hat, war ein gemäßigter Linker. Im Gymnasium hatte er gegen die Anti-Dreyfusards gekämpft und Jaurès bewundert und 1936 für die Volksfrontregierung gestimmt. Auf seine Art, das heißt im Kunsthandel, kämpfte er gegen die faschistischen Ideen, die Europa vergifteten, und unterstützte im Zweiten Weltkrieg mit seinen eigenen Aktivitäten und durch seinen Sohn, der in der 2. Panzerdivision kämpfte, den kämpferischen Gaullismus.

In den Fünfzigerjahren äußerte er sich in vielen Briefen wie dem an meine Mutter aus dem Jahr 1952 besorgt über die schwankende IV. Republik und die Rückkehr der Herrschaft des Geldes, das wieder hemmungslos zur Schau gestellt wurde: »Die Masse der Arbeiter, denen es hinten und vorne nicht reicht, die von Entbehrungen leben und deren Bezahlung lächerlich ist, wird sich schließlich erheben (…) Zu viele Luxusautos ausländischer Marken, zu viele Restaurants mit überhöhten Preisen. Zu viel Elend, zu viel äußerlicher Luxus (…) und nur Almosen für die Besitzlosen.«*

Sicher ist das kein Aufruf zur Revolution, ich will nicht ver-

* Familienarchiv

suchen, meinen Großvater zum radikalen Linken zu stilisieren, wovon er weit entfernt war. Auch seine Verbitterung gegenüber Frankreich, das ihn vertrieben hatte, unterschätze ich nicht. Doch solche Äußerungen – und ich habe viele in seiner Korrespondenz gefunden – zeugen davon, dass Ungerechtigkeit und Ungleichbehandlung ihn immer empört haben.

Viel mehr kann ich darüber nicht sagen. Paul Rosenberg lebte sehr komfortabel, er wanderte nicht wie sein Freund Picasso von der Bohème zur Bourgeoisie und von dort zur Kommunistischen Partei. Aber er beurteilte die öffentlichen Angelegenheiten auch nicht nur aus dem Blickwinkel des Milieus, in dem er lebte. Ein »Kaviarlinker«, wie man heute spöttisch jemanden nennt, der es sich nicht in den politischen Ansichten seines sozialen Milieus bequem macht – als wäre die Determinierung durch das Bankkonto stärker als die Überzeugungen, als könnten diejenigen, die »im Wohlstand« leben, nur im Interesse ihrer Klasse wählen!

Keine ideologischen Bekenntnisse also, aber über seinen familiären Hintergrund gab er 1927 den *Feuillets volantes* ein völlig verrücktes Interview.* Der Interviewer war der schon erwähnte bekannte Kunstkritiker und Verleger Tériade. Ein merkwürdiges Dokument, denn Tériade fragt ihn vollkommen ernst und scheint doch keineswegs erstaunt über die seltsamen Antworten Pauls, der sich ganz offensichtlich über ihn lustig macht: »Ich komme aus einer sehr alten Familie, deren Spur sich im Dunkel der Zeiten verliert. Meine Vorfahren, angewidert von dem Geist, der damals in Palästina herrschte, hatten die Gesetzestafeln verkaufen wollen, aber die Experten zo-

---

* Beilage der Zeitschrift *Cahiers d'Art*, op. cit.

gen ihre Echtheit in Zweifel. Einer meiner Vorfahren hat die Expertise zur Vase von Soissons[1] erstellt. (…) Ein anderer Vorfahr gehörte zu den Templern. Er endete auf dem Scheiterhaufen und gab zum ersten Mal in seinem Leben etwas zurück, nämlich Gott seine Seele. (…) Mein Vater begab sich nach Mesopotamien, um die Überreste des Turms von Babel zu untersuchen, besichtigte Indien, Lutezia[2], Belleville und Montparnasse. Er war ein sehr vornehmer, sehr gelehrter und so großzügiger Mann, dass er mich am 29. Dezember 1881 um drei Uhr nachmittags das Licht der Welt erblicken ließ. (…) Mit sechzehn Jahren trat ich ins väterliche Geschäft ein. Am Anfang ließ mein Vater mich das Register der kopierten Briefe führen. Diese Aufgabe, die mir düster hätte erscheinen können, löste eine wilde Begeisterung für Rechnungen in mir aus, und ich träumte schon von denen, die ich später mit meinem eigenen Namen unterzeichnen würde. (…) Was mir am meisten zu schaffen machte, war, herauszufinden, von wem die Bilder waren, die ich prüfen musste, und ob sie echt waren. Ich musste also ein unfehlbares Mittel finden, um über diese beiden Punkte Klarheit zu gewinnen. Was den ersten angeht, hatte ich entdeckt, dass ich, wenn ich heimlich die Signatur des Bildes las, den Namen des Malers erfuhr. Was die Echtheit der Bilder anging, (…) schaute ich nach, ob die Bilder, die mir unterbreitet wurden, in Katalogen enthalten waren oder in Büchern, wo sie reproduziert waren. In diesem Fall vertrat ich entschieden die Ansicht, dass sie völlig echt seien. So ver-

---

1 Die Geschichte der Vase von Soissons gehört zu den Gründungsmythen Frankreichs und soll sich im 5. Jahrhundert nach Christus abgespielt haben. (A.d.Ü.)
2 Lutezia nannten die Römer das heutige Paris. (A.d.Ü.)

fahre ich auch heute noch!« – »Was denken Sie über Ihre Maler?«, fragt der Journalist, keineswegs aus der Fassung über die Frechheit gegenüber einem geachteten Kunstkritiker. »Ich habe alle nur möglichen Garantien eingeholt, die Meinung der Experten vom Berufungsgericht, ausgezeichneter Chemiker, der Hersteller von Leinwänden und Keilrahmen, und kann Ihnen versichern, dass ich gute und fehlerlose Ware verkaufe. (…) Mein größter Ehrgeiz ist, auf der Erfindermesse Concours Lépine all die fantastischen Dinge auszustellen, die ich mir ausdenken muss, um meine Kunden glauben zu machen, dass das, was ich ihnen verkaufe, Gemälde sind.« – »Was halten Sie von Ihren Kollegen?«, fragt schließlich der unglückliche Kunstkritiker, den mein Großvater schamlos verspottet. »Ich empfinde für jeden einzelnen genauso viel Achtung wie er für mich.«

Konnte er also doch komisch und fröhlich sein, dieser Paul, der auf mich eher nüchtern als heiter, eher asketisch als lebenslustig wirkte? Ich vermute trotzdem, dass er eher düster war, wie es in der Korrespondenz mit Picasso manchmal durchscheint, zu der ich noch kommen werde.

Ein vierseitiger, handschriftlicher Brief, den Paul am 2. Dezember 1939 (der Zeitpunkt spielt hier allerdings natürlich eine große Rolle) an Matisse schrieb, zeigt ihn auch eher gequält. Er antwortet dem an seiner Kunst zweifelnden Maler auf dessen wehmütigen Brief: »Mir scheint, Sie wollen zu viel vom Leben«, schreibt Paul. »Denn was ist das Leben? Eine Viertelstunde Glück, der Rest sind Sorgen, Leiden und Zweifel! Wollen Sie noch privilegierter sein, als Sie schon sind, wollen Sie die himmlische Gabe, etwas zu erschaffen, sich auszudrücken, ohne die Mühen, die damit verbunden sind? Jeder bezahlt für das, was er hat, mit dem, was er nicht hat (...).

Warum sollten Sie nicht zweifeln? Genau das gibt Ihnen doch die Kraft, den Ausdruck von Jugend und schöpferischer Energie, der in Ihren Werken liegt. Glauben Sie denn, dass die anderen keine Zweifel haben? (...) Ich bin voll davon, ich habe dieselben Anfälle von Verzweiflung wie Sie (...) Schauen Sie unseren Freund Picasso an, der nicht nur diesen Zweifel hat, sondern überdies eine Unruhe, die ihn nie verlässt. (...) Sind Sie sicher, dass Corot nicht ebenso gezweifelt hat wie Cézanne, der Meister aller Meister und größte Märtyrer neben Michelangelo? (...) Wir streben alle unwiderruflich nach einem Ideal, das wir nie erreichen werden, und zum Glück, sage ich, denn das wäre das Ende des Lebens. (...) Wenn Sie wüssten, wie verzweifelt ich darüber bin, nicht selbst aktiv zu sein, (...) wären Sie ruhiger, denn Sie können sich zumindest in Ihre Kunst flüchten.«

Die Klage, Vermittler zu sein und nicht Schöpfer, findet sich öfter in seinen Briefen. Auch in dem vom 28. Dezember 1949, wieder an Matisse: »Wenn ich nur etwas erschaffen könnte, wenn Gott mir diese Gabe geschenkt hätte, würde ich es mit grenzenlosem Vergnügen tun. Aber ach, ich muss mich damit begnügen, mich an der Bewunderung zu erfreuen, die ich für die Schöpfungen anderer empfinde, zu denen Ihre Werke gehören.«

Menschen, die ihn nicht so gut kannten, beschrieben ihn dagegen feuriger. Pierre Nahon zeichnet das Bild eines »mittelgroßen Mannes von ausgesuchter Eleganz (...), [der] tatkräftig und hartnäckig« eine kühne Politik betreibt. Für ihn ist Paul einer der wichtigsten französischen Kunsthändler des

20. Jahrhunderts. »Er hat ein seltenes Gespür, ein exzellentes Auge, und er hat Beziehungen in der feinen Gesellschaft.«

Nach Alfred Daber – 1920 bis 1970 ein großer Kunsthändler –, »begann er am ganzen Leib zu zittern wie ein ungeduldiges Kind, wenn er ein Werk sah, das er begehrte. Das Zittern hörte erst wieder auf, wenn er das Bild bekommen hatte.«[1]

René Gimpel[2] zeichnet allerdings gelegentlich ein weniger schmeichelhaftes Bild: »Ein Fuchsgesicht mit zu kurz geratener Schnauze. Vorstehende, körnige Backenknochen.« Warum dieses unfreundliche Porträt? Wahrscheinlich weil Gimpel mit Marie Laurencin befreundet war, die sich manchmal bei ihm beklagte, dass Paul sie anfuhr, wenn sie ihn um einen Zuschuss zu ihrem Taschengeld bat, um die Rechnung für ihre Chanel-Mäntel zu bezahlen. »Dann bestellen Sie eben keine mehr!«, hätte Paul, ihrer Klagen überdrüssig, sie abgespeist, was den Zorn der Dame auslöste.

Doch nach den vielen Briefen zu urteilen, die ich von ihr gelesen habe, beklagte sich Marie zwar oft über ihre Armut, hatte Paul jedoch sehr gern und später auch meine Mutter. Die Korrespondenz ist sehr herzlich. »Meine liebste Marie«, schreibt Paul und fügt hinzu: »darf ich das sagen, ohne unschicklich zu sein?«

Diese Frau, einst die Geliebte Apollinaires, stach durch sehr feminine, anmutige Bilder aus dem dominierenden Kubismus hervor. Heute ist es Mode, sie uninteressant zu finden, ihre Bil-

---

1 Zitiert nach: Hector Feliciano, *Le Musée disparu, enquête sur le pillage d'œuvres d'art en France par les Nazis*, Austral 1995, wiederaufgelegt bei Gallimard 2009. (dt.: *Das verlorene Museum: vom Kunstraub der Nazis*, Berlin 1998)

2 René Gimpel, *Journal d'un collectionneur, marchand de tableaux*, Paris 1963

der gelten als »Bilder fürs Boudoir in Grau und Rosa«, aber mich bezaubern und rühren sie. Anmut in einer Zeit, in der die Zeichen auf Bruch standen; weiche Linien, während Léger seine in Form und Farbe gewaltigen industriellen Strukturen malte.

Hinkte Marie Laurencin ihrer Zeit hinterher? Eher war sie in einer brutalen Welt so fehl am Platz, dass sie für mich etwas Erfrischendes hat. Betrachte ich sie nur deshalb mit Nachsicht, weil sie mich auf Wunsch meiner Großeltern gemalt hat, als ich vier Jahre alt war? Das erzwungene Stillsitzen war für das kleine Mädchen, das ich damals war, eine Qual. Ich soll vorlaut zu ihr gesagt haben: »Achtung, meine Augen sind blau!« Lächelnd belohnte sie mich mit zwei leuchtenden, lavendelblauen Kugeln. Das Porträt hing im Schlafzimmer meiner Mutter, aber es fällt mir schwer, mich in diesem kleinen Mädchen im gesmokten blassrosa Kleid und mit blauen, allzu blauen Augen wiederzuerkennen.

Es gibt nur wenige Beschreibungen des Menschen Paul Rosenberg, den ich anhand der privaten Briefe und wenigen persönlichen Bekenntnisse zu vergegenwärtigen versuche; aber viele von dem Galeristen Rosenberg, dem »gewieften, geschmackssicheren Kunsthändler«[1].

Gewiss, sein Auge war legendär. 1952 schickte er Braque ein Foto zur Authentifizierung eines Bildes, aber er hatte es selbst schon entschieden: »Wenn ich das Messer, die Zitronen und das Kreuz-Ass genau betrachte, halte ich es für sehr zweifelhaft, dass dieses Bild von Dir ist.«[2]

1954, als es ihm gesundheitlich schlecht ging, schickte er

1 *New York Times*, 7. Dezember 1953
2 Familienarchiv

seinen Sohn Alexandre zu einer Versteigerung nach Paris, weil ihn einige Bilder interessierten, und gab ihm nach den Abbildungen im Katalog briefliche Anweisungen: »Der Renoir mit der Nummer 27 ist nicht interessant. Nummer 32, der Vuillard, ist wirklich ein kleines Meisterwerk, Du kannst ihn kaufen. Der Bonnard, Nummer 82, ist nicht schlecht, aber etwas früh. Bei dem Modigliani, Nummer 91, bin ich nicht sicher, ob er echt ist, und die Nummer 95, den Renoir, auf keinen Fall kaufen, das Bild ist zu bekannt, vollständig retuschiert und schon überall in der Welt auf dem Markt angeboten worden!«* Für einen geschwächten alten Mann, der die Bilder lediglich in einer Broschüre sieht, sind diese Ratschläge erstaunlich scharfsinnig ...

Dass er sich dieses Instinkts bewusst war, ist noch milde ausgedrückt. Er machte Paul gelegentlich arrogant und eitel. Er hatte hohe Vorstellungen von seiner Begabung und der Bedeutung seines Hauses, von der einzigartigen Qualität der Werke, die er in seiner Galerie und seinen Ausstellungskatalogen zeigte. Er war auch stolz auf die von ihm finanzierten zwei bedeutenden Werkverzeichnisse: zu Cézanne, zusammengestellt von Lionel Venturi und 1936 erschienen, und zu Pissarro, von dessen Sohn Lucien zusammen mit Lionel Venturi erstellt und 1940 erschienen.

Paul zufolge beruhte sein Erfolg darauf, dass er niemals ein Bild um jeden Preis verkaufen wollte. Er sagte immer: »Große Malerei verkauft sich von selbst.«

Er schätzte seine Kollegen und Rivalen, aber nicht übermäßig. Er achtete vor allem Ambroise Vollard, ihrer aller Vor-

* Familienarchiv

gänger, mit dem er fünfzig Jahre lang verkehrte und der nicht nur der Händler Renoirs, Monets und Pissarros war, sondern zuallererst der Händler und Freund Cézannes. Paul zeichnet in einem seiner Briefe ein hübsches Porträt von Vollard, dessen Verkaufsmethode er übernommen zu haben scheint (aber nicht dessen Askese, denn Vollard hatte bekanntlich in der Rue Lafitte einen armseligen Laden als Galerie, vollgestopft mit offen herumliegenden, völlig verstaubten Bildern und einem Feldbett als einzigem Möbelstück – weit entfernt vom Komfort in der Rue La Boétie 21): »Sie hatten nie das Gefühl, dass er Ihnen etwas verkaufen wollte. Im Gegenteil: Kaum hatte er den Preis des fraglichen Bildes genannt, strich er dem Kunden über den Kragen und fragte ihn, bei wem er seine Anzüge schneidern ließ. Dann redete er von etwas anderem, das nichts mit Bildern zu tun hatte, und überließ den Kunden sich selbst.«

Die Ausstellungen in der Galerie Rosenberg wechselten alle drei Wochen. Mein Großvater hängte sie selbst, eine Zeremonie, die jedem Kunsthändler heilig ist. Erst angesichts der Fülle von Katalogen konnte ich ermessen, welcher Reichtum an Bildern bei ihm zu sehen war.

1962, drei Jahre nach Pauls Tod, schrieb sein Kollege Alfred Daber an meinen Onkel Alexandre, der die New Yorker Galerie weiterführte: »Wie viele schöne Ausstellungen habe ich zwischen 1924 und 1938 bei ihm in der Rue La Boétie gesehen! Manchmal unterhielten wir uns dann bis acht Uhr abends über Dinge, die scheinbar weit von der Malerei entfernt waren, aber zu denen sie uns geführt hatte: Philosophie, Metaphysik. Ich wollte schon damals den Geschmackssinn wieder schärfen, und er sagte mit seinem klaren Sinn für Vernunft, das sei genauso vergeblich, wie wenn man die Wogen des Meeres glätten wollte.«[1]

Werke von Picasso, Braque, Derain, Matisse, Léger, Laurencin wechselten sich ab mit Bildern von Toulouse-Lautrec (1914), französischen Malern des 19. Jahrhunderts (1917), Ingres und Cézanne (1925), Bonnard (1936) und dem Zöllner Henri Rousseau (1937).

Während der Großen Depression kehrte Paul zur Malerei des 19. Jahrhunderts zurück, die in dieser schwierigen Zeit leichter zu verkaufen war als die Modernen. 1933 eine Monet-Ausstellung, Renoir 1934. Das Jahr 1936 war für sich allein ein Fest: im Januar Braque, im Februar Seurat, im März Picasso, im April Monet, im Mai Matisse und im Juli Marie Laurencin.

Jede seiner großen Picasso-Ausstellungen war ein Ereignis. Die erste von 1919, auf die ich noch zurückkomme, umfasste 167 nicht-kubistische, noch unbekannte Zeichnungen. Die von 1926 war eine der eindrucksvollsten vor der One-Man-Show zehn Jahre später, 1936, als die Galerie Rosenberg neunundzwanzig Gemälde und Zeichnungen von Picasso ausstellte und sechshundert Besucher täglich empfing. Bei ihr war »Rosi[2] so aufgeregt, als ob die Bilder für ihn gemalt worden wären«, wie manche Kollegen voller Neid sagten, verblüfft von der Fülle und Qualität der Werke. Dem Katalog dieser Ausstellung war der schon erwähnte Text von Albert Wolff als Motto vorangestellt.

Viele seiner Bilder verlieh Paul auch. Das war sein Beitrag zur ersten französischen Picasso-Retrospektive 1932 in der Ga-

1 Familienarchiv
2 So der Spitzname, den Picasso meinem Großvater gab.

lerie Petit und 1934 im Wadsworth Atheneum und in Hartford, Connecticut. In der Kunstwelt der USA war es eine Sensation, das Werk dieses aufsehenerregenden Malers zu sehen, ein epochales Ereignis. Rosenberg hatte durchgesetzt, dass eine Strophe aus La Fontaines Fabel *Das Dromedar und das Floßholz* aufgenommen wurde, die seiner Meinung nach Skeptikern die Augen öffnete und die er auch dem Katalog seiner Pariser Ausstellung 1936 voranstellte:

So macht Gewohnheit uns mit allem leicht vertraut;
Mit dem, was fremd uns schien, wovor uns selbst gegraut,
Wird unser Aug sich bald versöhnen,
Wenn wir's nur erst daran gewöhnen …[*]

Vor allem aber half er seinem Freund Alfred Barr monatelang bei der Organisation und Auswahl der Werke für die erste große Picasso-Retrospektive im New Yorker MoMA 1939, die 1940 ins Art Institute in Chicago weiterwanderte. Dafür lieh er über dreißig Werke aus – die so der Gier der Nazis entgingen – und erwarb sich die Dankbarkeit von Barr, der wie gesagt dafür sorgte, dass Paul und seine Familie im Herbst 1940 in den USA als Flüchtlinge aufgenommen wurden.

Die anderen großen Maler kamen nach Picasso in den »Rosenberg-Stall«. 1924 Braque, dem Paul 1936, 1937 und 1938 drei große Ausstellungen widmete, die letzte vom 4. bis 29. April 1939, kurz vor dem Krieg, war auch eine der letzten in der Pariser Galerie Rosenberg. Léger kam 1926 zu der Mannschaft der Rue La Boétie 21 und machte das Trio komplett.

---

[*] Jean de la Fontaine, *Sämtliche Fabeln*, dt. von Ernst Dohm und Gustav Fabricius, Düsseldorf und Zürich 2002

Seinen »vierten Musketier«, Matisse, kannte Paul schon sehr lange.

Die Korrespondenz von Rosenberg und Matisse befindet sich noch im Besitz der Familie des Malers und wird wie der ganze Nachlass in seinem Haus in Issy-les-Moulineaux aufbewahrt, an der einstigen Route de Clamart. Das Haus hat sich seit Matisses Lebzeiten nicht verändert, nur die Straße ist seither in Avenue Charles-de-Gaulle umbenannt worden.

Es ist Herbst. Ich stoße das Tor zum Garten auf, der Rasen ist laubübersät, und betrete ein kleines, altmodisches Haus, das in lebhaftem Kontrast steht zu den modernen Konservierungsmethoden des Archivs. Alle Dokumente sind digitalisiert, man lässt mich vor einem Computer neben der Heizung Platz nehmen, in demselben Raum, der dem Maler als Modell für *Die Klavierstunde* gedient hat, eines seiner berühmtesten Bilder, das einen Bruch in seinem Werk markiert. Die Fensterflügel und -bänke, der Garten, alles ist da, wie auf dem Bild von 1916.

Pauls Briefwechsel mit Matisse beginnt im Jahr 1916. Sie schrieben sich häufig und voller Wärme. Matisse lieh Paul 1922 Bilder aus seiner eigenen Sammlung, einen Cézanne und einen Courbet, für die Ausstellung »Die großen Meister des 19. Jahrhunderts«. »Die Ausstellung«, schrieb mein Großvater, »wird überdies beweisen, dass auch die Künstler unserer Zeit (…) in der Tradition bleiben und ihrerseits die französische Malerei ehren.« Immer dieselbe Leidenschaft, zu zeigen, dass die Kunst ein Kontinuum bildet und dass die Werke, die bei ihm ausgestellt sind und die Bourgeois empören, in der historischen Kontinuität der Kunst seines Landes stehen.

Am 22. Dezember 1934 schreibt Henri Matisse an seinen Sohn Pierre, »die Geschäfte gehen nicht gut. Man spürt bei allen eine gewisse Interesselosigkeit. Nur Paul Rosenberg war sehr herzlich und hat mir eine Ausstellung angeboten.« Zwei Tage später, wieder an seinen Sohn: »Ich habe Rosenberg getroffen, der mir bis zur Weißglut zugesetzt hat, es sei unrecht von mir, mich in Vergessenheit geraten zu lassen. Es gebe Namen wie Matisse und Picasso, die etc. etc. Er wolle, dass ich eine Ausstellung bei ihm mache, er stelle mir seine Räume zur Verfügung (…) Er hat mir viele schöne Bilder gezeigt, van Gogh, Corot, Renoir, die gerade erst in den Handel gekommen sind. Er sagte mir, die Malerei sei alles für ihn, er lebe darin.«

Der erste Vertrag mit Matisse datiert von 1936. Wie bei Braque und Picasso erhielt Paul das Vorkaufsrecht vor den anderen Händlern, Matisse behielt sich eins von vier Bildern für sich selbst vor. Dafür verpflichtete sich Paul, für »200.000 Francs und 5.500 Dollar jährlich« Bilder von ihm zu kaufen.

Doch zwischen einem Maler und seinem Händler verläuft nicht immer alles idyllisch. Am 22. Januar 1938 gestand Matisse in einem Brief an seinen Sohn Pierre, der in New York lebte und ihn vor einem Exklusivvertrag mit der Galerie Rosenberg gewarnt hatte, er mache sich keine Illusionen über seinen Händler; aber er weiß auch, dass er nicht ohne ihn auskommt: »Was Rosenberg angeht, (…) ich kenne ihn schon lange (…). Besonders als er schmollte, bevor er einen Vertrag mit mir machte. Ich bin nicht aus Gefühlsgründen bei ihm, sondern damit er mir nützlich ist. (…) Zudem ist er mir gegenüber voller Liebenswürdigkeit und vor allem versteht er es, die Malerei zur Geltung zu bringen.«

Das hatte Picasso schon 1918 begriffen, und wahrscheinlich deshalb machte er Paul ein äußerst seltenes Geschenk.

MOTHER AND CHILD

IN VIELEN NACHKRIEGSKATALOGEN firmierte es unter dem amerikanischen Titel *Mother and Child*, aber schließlich erhielt es seinen ursprünglichen Titel zurück, *Portrait de Madame Rosenberg et de sa fille,* und hängt heute im Musée Picasso, am richtigen Platz.

Das Porträt war ein Geschenk Picassos für seinen neuen Händler anlässlich ihres Vertragsschlusses 1918 in Biarritz. Das Bild ist groß, sehr groß, ein wenig akademisch, im Stil von Ingres oder Renoir gemalt, aber ohne deren Liebreiz. Es stellt meine Großmutter in einem gobelinbezogenen antiken Sessel mit meiner Mutter auf dem Schoß dar, einem dicken Kind in weißem Kleid mit blauen Bändern. Das Bild – über das sich die Kubisten empörten, weil es für sie ein »Verrat« Picassos war – ist eines der wenigen Auftragswerke des Malers und markiert seine Rückkehr zum Klassizismus.

Ich sah es meine ganze Kindheit hindurch, erst bei meinen Großeltern und dann bei meiner Mutter. Paul hing sehr daran, es war unter den ersten, die er nach dem Krieg zurückforderte. Es heißt, das Bild sei für Göring gestohlen worden, wohl weil es ihn an die alten Meister erinnerte.

Früher fand ich es ein wenig verächtlich zu konventionell, eine Art Jungfrau mit Kind in einem Henri-II-Sessel. Jetzt betrachte ich es im Musée Picasso, wo es auch hingehört. Seit

André Malraux' Zeit als Kulturminister können Erben, die ein Kunstwerk besitzen, sich von der Erbschaftssteuer befreien, wenn sie das Werk, statt es zu verkaufen und vom Erlös die Steuer zu bezahlen, einem staatlichen Museum überlassen. Diese Regelung sollte zur Bereicherung der französischen Sammlungen beitragen, die nicht so gut ausgestattet sind wie viele im Ausland, und verhindern, dass Werke in alle Welt verstreut werden, die ihren Platz in den nationalen Museen haben sollten. Das wäre fast auch mit diesem Familienporträt geschehen: Ein reicher Texaner bot mir eine Summe, die weit über dem Betrag der Erbschaftssteuer lag, die ich zu bezahlen hatte. Aber dass es nach Houston verschwand, hätte meiner Mutter sicher nicht gefallen, und ich fand, es sei im Sinne meiner Familie, es dem Musée Picasso zu schenken. Ich bin stolz, dass es heute die Wände im Hôtel Salé schmückt.

Während ich es zum hundertsten Mal betrachte, versuche ich zu verstehen, warum Picasso meiner Großmutter einen so traurigen Gesichtsausdruck gab, und frage mich, warum meine doch sehr lebhafte Mutter auf dem Bild so pummelig ist. Kündigten sich hier schon die »Géants« an?

Im Herbst 1918 war das Porträt eine Sensation. Paul schrieb am 27. September an Picasso: »Jeder weiß, dass Picasso das Porträt meiner Frau und meiner Tochter gemalt hat. Léonce hat es von Cocteau gehört, und natürlich hoffte er, es sei kubistisch, obwohl Miche rondistisch[1] ist.«[2]

---

1 Nach der einflussreichen italienischen Literaturzeitschrift *La Ronda,* die sich zu Beginn der Zwanzigerjahre für die Rückkehr zur Tradition in Literatur und bildender Kunst einsetzte. (A.d.Ü.)
2 Archiv Picasso im Musée national Picasso, Erbschaftssteuer-Schenkung Picasso 1992.

Vor allem das Gesicht meiner Großmutter ist charakteristisch für Picasso, es ähnelt den Porträts von Olga. Für die Historiker ist das Bild sehr wichtig, für meinen Geschmack hingegen zu streng, seine Schönheit berührt mich nicht. Aber keiner, der uns zu Hause besuchte, hätte gewagt, dieses Bild zu kritisieren, es war eine Art Familienikone.

Meiner Großmutter wäre es allerdings viel lieber gewesen, wenn Boldini, ein um die Jahrhundertwende bekannter mondäner Maler, sie gemalt hätte. Heiter und unkompliziert, wie sie war, hat sie das Picasso auch gesagt. Und der ging ans Werk, zeichnete ein schmeichelhaftes Porträt à la Boldini mit Volants, Sonnenschirm, Colliers und Federn, signierte mit Boldini und schickte es meiner Großmutter. Ich bin nicht sicher, auf welches von beiden sie stolzer war. Der Picasso wurde von den Deutschen gestohlen, aber gerade noch zurückgeholt, bevor er nach Berlin gebracht wurde. Der falsche Boldini hingegen verschwand während des Kriegs und wurde nie wiedergefunden.

Es gibt noch weitere Familienporträts von Picasso. 1919 malte er eine Gouache von meiner Mutter am Strand von Biarritz, ein kleines Mädchen in blauem Kleid, mit dicken Backen und zerzaustem Haar. Das Bild verschwand im Krieg und ist in den Sechzigerjahren auf abenteuerlichen Wegen wiederaufgetaucht: Ein sachkundiger Sammler, der in einem Café in Zentralfrankreich einen Anisette trank, entdeckte es und erkannte es als Porträt von Mademoiselle Rosenberg. Der Wirt hatte es während der Besatzung von einem Mann bekommen, der nach etwas Essbarem suchte, also buchstäblich für ein Butterbrot, und gab es bereitwillig meiner Großmutter zurück, die ihn natürlich großzügig entschädigte.

Auch Pauls Porträt, eine Zeichnung von 1919, deren Linien seither vom Tageslicht verblasst sind, ist anziehender. Es zeigt Paul elegant im Anzug mit Weste, mit Schnurrbart und Stiefeletten, entspannt in einem Sessel, den linken Arm lässig auf der Rückenlehne. Die rechte, schmalfingrige Hand mit der ewigen Zigarette ruht auf dem Knie. Dieses kleine Porträt ist wie das große Familienporträt in der Manier von Ingres gehalten, doch mit dem durchdringenden, maliziösen Blick meines Großvaters – typisch Picasso. »Eine Mischung aus Leichtigkeit und Sophistication, und dazu der intensive Blick, der sein Markenzeichen war.«[*]

Von zwei verschwundenen Picasso-Porträts meiner Mutter habe ich nur noch Fotos: *Micheline mit dem Häschen* und *Micheline als Krankenschwester*. Es waren Kohlezeichnungen, meine Mutter muss damals vier oder fünf Jahre alt gewesen sein. Wie die anderen wurden sie von den Deutschen gestohlen, aber sie sind nie wiederaufgetaucht. Vielleicht sind sie damals im Hof des Musée du Jeu de Paume in Rauch aufgegangen, oder sie hängen irgendwo in einem Kinderzimmer, in Russland, Berlin oder in der Gegend zwischen dem VII. und dem XVI. Arrondissement in Paris.

[*] Vgl. Michael Fitzgerald, op. cit.

PAUL UND PIC

M OTHER AND CHILD besiegelte eine Übereinkunft, eine starke, beständige Beziehung.

Verband Rosenberg und Picasso eine brüderliche Freundschaft, oder war es nur ein berufliches Bündnis? Woher kam die wechselseitige Faszination zwischen dem Kunsthändler aus dem Establishment und dem Maler und Bohemien? Was konnten sie aneinander finden, der an Bilder von Renoir und Monet gewöhnte Galerist und der Maler, der einmal zu Pauls Bruder Léonce, der von 1914 bis 1918 sein Händler war, gesagt hatte: »Der Händler, das ist der Feind!«, die Beziehung zwischen Künstler und Händler also offenbar als Klassenverhältnis sah.

Die beiden verband viel mehr als ein geschäftlicher Vertrag. Es war eine intensive Zusammenarbeit und ein ästhetisches Bündnis. Paul wurde sehr schnell nicht nur als Picassos Händler, sondern als eine Art »Impresario«* anerkannt, der Picassos Karriere vorantrieb.

Vor allem war es Picasso selbst, der Paul nicht nur als seinen Makler, Vermittler und Verkäufer, sondern fast als seinen Agenten inthronisierte. Er hatte früh begriffen, dass ein Künstler, der sich ein Publikum schaffen wollte, sich nicht damit be-

---

* So bezeichnet ihn Michael Fitzgerald, op. cit.

gnügen durfte zu malen, sondern auch Verkauf und Ausstellungen seiner Werke aufmerksam verfolgen musste.

Das sah auch Paul Rosenberg so, und deshalb wurde er zu Picassos Berater und Weggefährten. »Der Maler und der Galerist haben sich gegenseitig ›gemacht‹«, schrieb Pierre Nahon.[1]

Picasso ist im Oktober 1881 geboren, Paul im Dezember desselben Jahres. Paul gehörte zur klassischen Bourgeoisie, Picasso zur Avantgarde. Aber Picasso merkte schnell, dass er sich für den Verkauf seiner Bilder auf Rosenberg verlassen konnte, der zwar bis Mitte der Zwanzigerjahre kaum Interessenten dafür fand, es sich aber aus den schon erwähnten Gründen leisten konnte zu warten. Vor allem spürte Picasso, dass Paul die Fähigkeit hatte, seinen Ruf als Künstler zu fördern und zu mehren.

Beide waren sich früh über die Bedeutung der Presse im Klaren und pflegten die Beziehung zu Kritikern und Schriftstellern wie Georges Martin und Pierre Reverdy, die die neue Kunst verstanden und vermitteln konnten. Auch dieses Zusammenspiel zwischen Künstler, Händler und Kunstkritikern war neu.

Paul trug maßgeblich dazu bei, dass Picasso nicht nur als Künstler der Avantgarde, sondern als Meister der modernen Malerei anerkannt wurde, als »größter Maler des 20. Jahrhunderts«.[2] Zwischen 1918 und 1939 förderten Picasso und Rosenberg wechselseitig ihr Ansehen. Das Image von Picasso entstand, und das Renommee der Galerie Rosenberg festigte sich.

Hinzu kam noch etwas anderes: Pauls grenzenlose Bewunderung für das Genie des Malers, das er sofort erkannt hatte.

1 Pierre Nahon, op. cit.
2 So Michael Fitzgerald, op.cit.

Diese Faszination ist umso erstaunlicher, als er im Unterschied zu seinem Bruder Léonce anfangs eher die Kunst von Corot, Courbet, Cézanne, van Gogh und der Impressionisten liebte und den Kubismus nicht sehr bewegend fand.

Picasso war im Januar 1918 in finanziellen Schwierigkeiten und schon einmal bei meinem Großvater gewesen, um ihm einen Renoir zu verkaufen. Aber Freunde wurden sie erst im Sommer 1918 in Biarritz, als sie sich richtig kennenlernten.

Schnell entwickelte sich zwischen ihnen Zuneigung, gegenseitiges Verständnis, ich würde fast sagen Brüderlichkeit. Paul nannte Picasso seinen »Bruder im Geiste« und empfand für ihn so etwas wie Freundschaft auf den ersten Blick.

Zum ersten Mal trafen sie sich in der Villa von Eugenia Errázuriz, La Mimoseraie in Biarritz. Die schöne Chilenin und Mäzenin war in den Zwanzigerjahren in der Welt der Kunsthändler tonangebend. Picasso hatte sie durch Cocteau kennengelernt. Sie war mit Arthur Rubinstein und den Diaghilevs befreundet und liebte die Ballets Russes, wo sie öfter auf Picasso traf, der ebenfalls ein glühender Bewunderer der Truppe war. Er lernte eine der Tänzerinnen kennen, Olga Chochlowa, und heiratete sie im Juni 1918. Auf Einladung Eugenias verbrachten sie die Flitterwochen bei ihr in Biarritz.

Picasso war damals auf der Suche nach einem neuen Händler. Die erste Galerie, die ein Bild von Picasso verkaufte (für 150 Francs), war wahrscheinlich Berthe Weill um 1901, die ein Jahr später auch als erste Matisse ausstellte. Aber Picasso suchte schon früh nach finanzieller Sicherheit, um in Ruhe malen zu können. Ambroise Vollard, der Entdecker Cézannes, kaufte Picasso 1906 zwanzig Bilder für 2000 Francs ab. 1910 begeisterte sich Daniel-Henry Kahnweiler, der seine Galerie damals in der Rue Vignon in der Nähe der Madeleine hatte, für Picasso und nahm ihn unter Vertrag. 1913 kaufte Kahnweiler ihm dreiundzwanzig Bilder ab, für 27.250 Francs – Picassos erste »große« Einkünfte. So viel Geld hatte er noch nie gehabt. Der Betrag entspricht etwa 85.000 Euro, etwas mehr als 3.500 Euro pro Bild. Aber diese Sicherheit war nicht von langer Dauer. 1914 musste Kahnweiler sein Geschäft zumachen: Er war deutscher Staatsbürger, sein Vermögen wurde konfisziert, und er selbst floh nach Bern. Picasso suchte eine neue Galerie. Er fand 1915 Léonce Rosenberg, den Bruder meines Großvaters. Léonce, ein leidenschaftlicher Anhänger des Kubismus, sagte zu ihm: »Zusammen werden wir unschlagbar. Sie werden der Schöpfer sein, ich werde handeln.«*

Léonce, der ab 1910 seiner eigenen Wege ging, war waghalsiger als sein Bruder, avantgardistischer, auch verschwenderischer – er investierte oft mehr, als er einnahm. Paul, der damals noch vorsichtiger war, setzte auf die französischen Maler des 19. Jahrhunderts und machte nur gelegentlich Ausflüge zu den zeitgenössischen Künstlern.

Paul also ein Traditionalist und Léonce ein Anhänger der Moderne? Es gehörte lange zum guten Ton, Léonce einen begabten Entdecker, aber ungeschickten Geschäftsmann zu nennen und Paul einen gewieften Geschäftsmann mit mehr Neigung für den Handel als für die Kunst an sich. Doch Paul interessierte sich nicht für die alten Meister, im Gegensatz zu seinen Kollegen, die mit diesen sicheren Werten gute Geschäfte machten, sondern ging das Risiko ein, zeitgenössische Maler unter Vertrag zu nehmen. Eine der ersten war 1913 Marie

* Zitiert nach Michael Fitzgerald, op.cit.

Laurencin. Noch 1943 schrieb Paul in einem Brief: »Es wäre so viel einfacher und lukrativer [für mich], Ausstellungen mit den großen französischen Meistern des 19. Jahrhunderts zu machen, als zeitgenössische Maler auszustellen, die das Publikum verunsichern.«*

Aber wenn man zu Beginn des 20. Jahrhunderts Bilder von Renoir ausstellte und verkaufte, förderte man die Kunst einer kaum vergangenen Epoche. Und die transparenten Gemälde Claude Monets, der erst 1926 starb, waren auch noch nicht zu Klassikern geworden. Paul interessierte sich weder für Fragonard noch Boucher, die damals sehr gefragt waren, auch nicht für Juan Gris und Léger wie sein Bruder.

Doch es stimmt, dass Léonce sich mehr als sein Bruder für den Kubismus begeisterte, den er als die Vollendung der Malerei betrachtete – wie diejenigen, die den Fall der Berliner Mauer nicht nur für das Ende einer geschichtlichen Epoche, sondern für das Ende der Geschichte überhaupt hielten.

Léonce wollte Picasso in seiner Galerie »Effort Moderne« in der Rue de La Baume zum Bannerträger einer Schule machen, deren der Spanier schon überdrüssig war. Picasso hatte genug von Bildern à la Albert Gleizes und Jean Metzinger. Er entfernte sich mehr und mehr von den Kubisten und schwärmte für Diaghilev und dessen Ballets Russes, zu deren Ballett *Parade* er 1917 das Bühnenbild schuf – zum Leidwesen von Léonce, der befürchtete, diese Eskapaden würden Picasso seiner wahren Bestimmung als Oberhaupt des Kubismus entfremden.

Aber Picasso hing an seinen Wurzeln in der rosa Periode und seinen Harlekinen, die in den klaren, harten Linien des

* Familienarchiv

Kubismus verschwunden waren. Als Cocteau ihm in seinem berühmten »Ordnungsruf« vorwarf, ein Gefangener der Maler zu bleiben, die ihn kopierten und einsperrten, brach er mit dem Kubismus und wandte sich dem Neoklassizismus zu – vielleicht auch, um gesellschaftliche Größen wie Cocteau und Eugenia Errázuriz für sich gewinnen.

Daher ging 1918 nichts mehr zwischen Picasso und Léonce Rosenberg. Picasso war reif für die Begegnung mit Paul. Ich habe keine Spur von dem Gewissenskonflikt gefunden, der das für Paul gewesen sein muss, oder von Eifersucht bei Léonce, überhaupt von keinem Streit. Nur ein späteres Zeugnis von Léonce, der ein guter Verlierer war und genau wusste, dass sein Maler ihn so oder so verlassen hätte, und letzten Endes froh war, dass er zumindest in der Familie blieb.

Im Sommer vor Ende des Ersten Weltkriegs also trafen sie sich. Die Rosenbergs hatten eine Villa in Biarritz gemietet, ein paar Hundert Meter von den Errázuriz entfernt. In der Nähe wohnten auch Georges Wildenstein und Josse Hessel, Kollegen und Freunde Paul Rosenbergs. Sie trafen sich alle in La Mimoseraie und schlossen dort mündlich einen Vertrag: Paul wurde der Vertreter Picassos in Frankreich und Europa, Wildenstein in Amerika, wo er schon eine Galerie hatte. Wildenstein blieb allerdings im Hintergrund, und als sich die beiden Händler 1932 zerstritten, übernahm Paul bis zum Krieg die Vertretung Picassos weltweit. Ohne schriftlichen Vertrag erhielt Paul das Recht »auf den ersten Blick«, das heißt, er durfte sich als erster die Bilder aussuchen, die ihm gefielen, die übrigen konnten an andere Händler verkauft werden. Nach diesem Modell wird sich Paul später auch mit Braque und Matisse einigen.

Für Pauls Familie war der Sommer 1918 ein einschnei-

Mein Großvater vor dem Ersten Weltkrieg im Cutaway

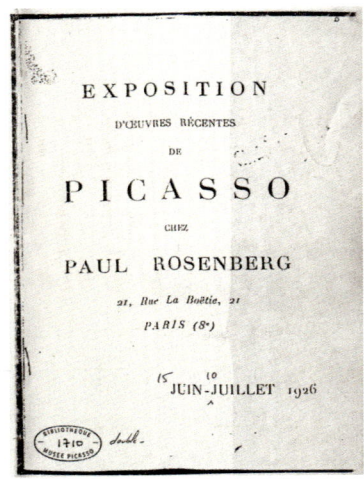

links: Mein Onkel Alexandre Rosenberg, genannt Kiki, bei der Befreiung von Paris, nachdem er vier Jahre als Leutnant in der 2. Panzerdivision General Leclercs gekämpft hatte. Er übernahm nach dem Tod meines Großvaters die Leitung der Galerie »Paul Rosenberg & C°«.
rechts: Katalog der Ausstellung von 1926

Mein Großvater 1916 als Soldat

Ga erie Paul Rosenberg, 57. Straße, New York 1941–1953

Micheline als Krankenschwester, Picasso-Zeichnung meiner Mutter. Das Original ist im Krieg verschwunden und nie wiederaufgetaucht.

Die Eingangshalle der Galerie in der Rue La Boétie auf dem Umschlag eines Ausstellungskatalogs von 1935

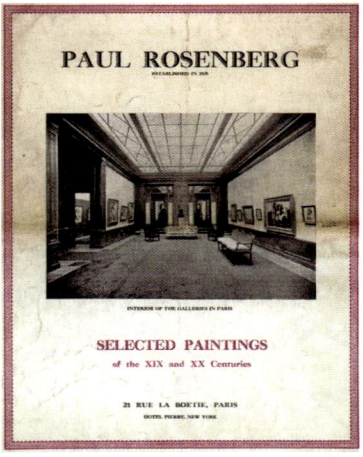

Innenansicht der Galerie in der Rue La Boétie auf einem Ausstellungskatalog von 1936

Micheline mit dem Häschen, Zeichnung von Picasso. Das Original ist im Krieg verschwunden und ebenfalls nie wiederaufgetaucht.

Porträt von Madame Rosenberg und ihrer Tochter von Picasso (1918)

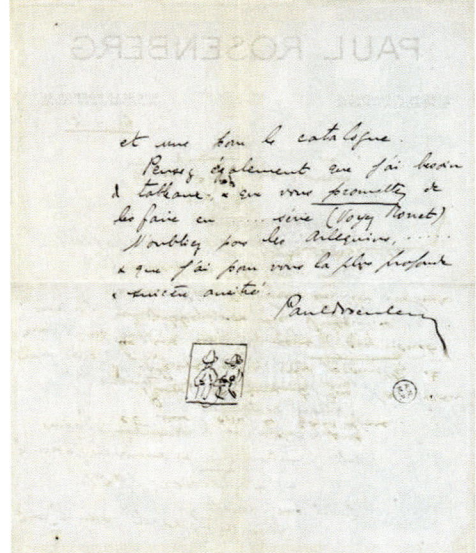

Handschriftlicher
Brief meines Groß-
vaters an Picasso
1921, in dem er
mit Verve ›seine
Harlekine‹ anmahnt

Postkarte, die Picasso 1919 aus London an meine damals zweijährige
Mutter schickte

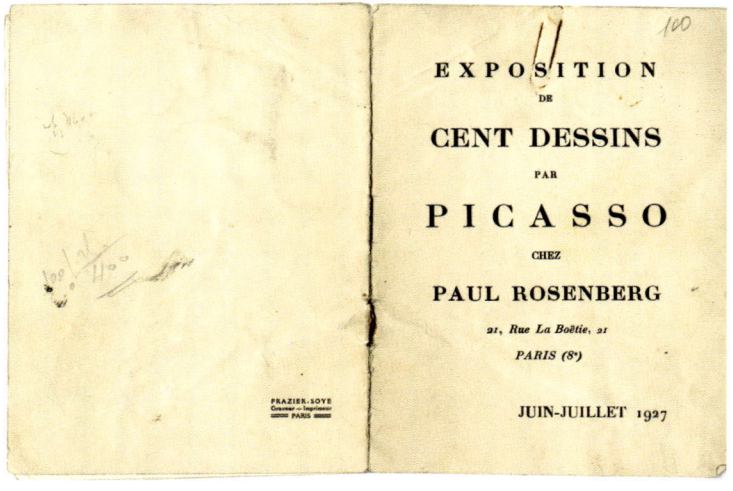

Umschlag des Katalogs der Picasso-Ausstellung in der Rue La Boétie 1927

Fotografie von Picasso mit Widmung für meinen Großvater,
Zwanzigerjahre

Treppe des Hauses in der Rue La Boétie, man erkennt Bilder von
Picasso und Masson.

Ansicht des Ausstellungsraums in der Rue La Boétie während einer
Ausstellung von Picasso und Marie Laurencin

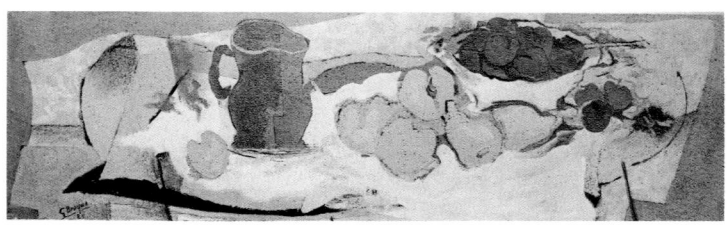

links: Foto eines Stilllebens von Georges Braque, das
als Muster für die in den Boden der Galerie eingelassenen
Marmorplatten diente.

unten: Gläserne Fotoplatte einer Braque-Ausstellung 1937,
von der Zeit – oder den Besatzern? – beschädigt.

Ausstellung von Zeichnungen Henri Matisses im Juni 1937

Matisse-Ausstellung, Oktober/November 1938

Mein Großvater in den Dreißigerjahren mit einem Matisse-Gemälde

Bei der Einweihung des Instituts zur Erforschung der Judenfragen (IEQJ) in den Räumen der Galerie in der Rue La Boétie. Man erkennt Louis-Ferdinanc Céline, der als prominenter Gast geladen war.

Zwei Plakate der Ausstellung »Der Jude und Frankreich« im Palais Berlitz 1941, organisiert vom IEQJ

19

Aufhängung des Porträts von Marschall Pétain in der Eingangshalle der Rue La Boétie 21 für die Eröffnung des IEQJ im Mai 1941

Céline im Mai 1941 im IEQJ

Antisemitische Propaganda mit »genetischem Stammbaum« im Festsaal
des IEQJ

Ein Plakat im Festsaal des IEQJ, auf dem ein »jüdischer Raubvogel« ein ausgeblutetes Frankreich verschlingen will. Man erkennt die Holztäfelungen und das verglaste Dach des Ausstellungssaals meines Großvaters.

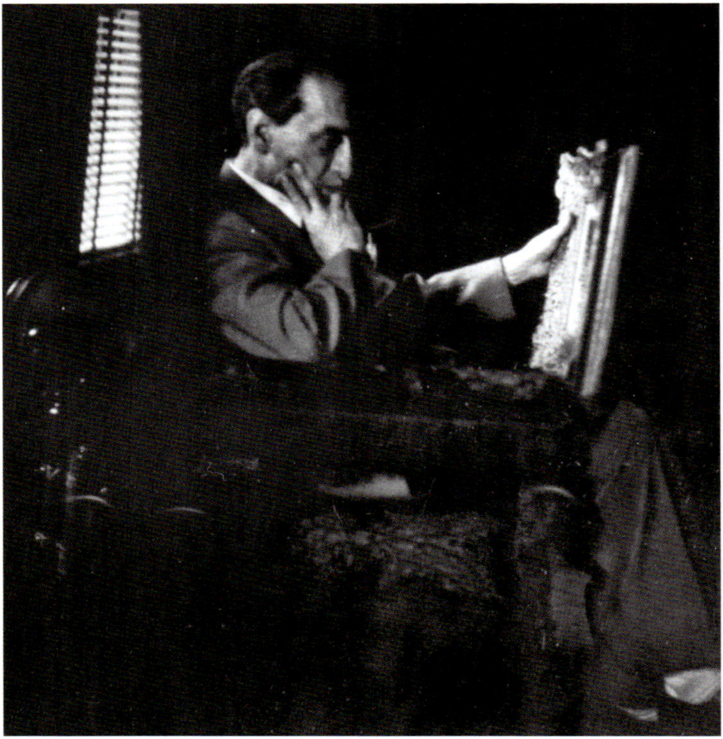

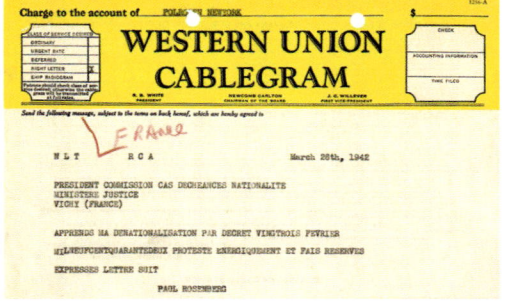

Mein Großvater in einer seiner häufigsten Haltungen, beim Prüfen eines Gemäldes.

Charge to the account of POLAC... NEWYORK $

WESTERN UNION
CABLEGRAM

CLASS OF SERVICE DESIRED
ORDINARY
URGENT RATE
DEFERRED
NIGHT LETTER X
SHIP RADIOGRAM

R. B. WHITE, PRESIDENT — NEWCOMB CARLTON, CHAIRMAN OF THE BOARD — J. C. WILLEVER, FIRST VICE-PRESIDENT

CHECK
ACCOUNTING INFORMATION
TIME FILED

Send the following message, subject to the terms on back hereof, which are hereby agreed to

NLT RCA March 26th, 1942

PRESIDENT COMMISSION CAS DECHEANCES NATIONALITE
MINISTERE JUSTICE
VICHY (FRANCE)

APPRENDS MA DENATIONALISATION PAR DECRET VINGTROIS FEVRIER
MILNEUFCENTQUARANTEDEUX PROTESTE ENERGIQUEMENT ET FAIS RESERVES
EXPRESSES LETTRE SUIT

PAUL ROSENBERG

Telegramm meines Großvaters an die Kommission für die Aberkennung der Staatsbürgerschaft vom 26. März 1942, nachdem er erfahren hatte, dass die Vichy-Regierung ihn ausgebürgert hatte.

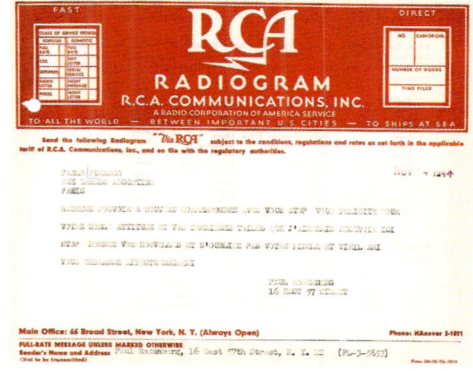

Mein Großvater in New York, der mit der obligaten Zigarettenspitze im Mund dem Schriftsteller Somerset Maugham einen herrlichen Renoir zeigt.

Das erste Telegramm Pauls an seinen Freund Picasso im November 1944, als sie wieder miteinander kommunizieren konnten.

Ich tue so, als läse ich die *New York Times* – mit 18 Monaten!

Winter 1950, mit meinem Großvater im Schnee in der Umgebung von New York

Winter 1950, ich muss zwei Jahre alt gewesen sein.

Im Sommer 1950 mit Paul und Margot, meinen Großeltern

Picasso-Zeichnung von Paul (Winter 1918/19)

Porträt Marie Laurencins von mir im Alter von vier Jahren

Als Zwanzigjährige mit Picasso vor seinem Haus in Notre-Dame-de-Vie in Mougins

Mein Großvater entspannt, was selten vorkam, in den Fünfzigerjahren von meiner Tante geknipst

Mein Großvater, wie er mir aus meiner Kindheit in Erinnerung geblieben ist

Mit meinem Großvater, der sein unvermeidliches Lucky-Strike-Päckchen in der Hand hat

dendes Datum, im Guten wie im Argen. Das Gute war die Freundschaft zwischen Paul und Picasso. Das Arge war, dass die so entstandene Beziehung zwischen den Familien Rosenberg und Wildenstein später aus privaten Gründen zu einem Zerwürfnis führen würde, auf das ich noch zurückkomme.

Von da an wurde das Verhältnis zwischen Rosenberg und Picasso immer herzlicher. Der Maler genoss die Ruhe, die ihm der Vertrag mit Paul brachte, er sah die Möglichkeit, dem Kubismus zu entkommen, auf den Paul nicht begierig war, und wusste, wenn er in der Galerie Rosenberg ausstellte, würde er nicht mehr nur als Avantgardist betrachtet, sondern neben den berühmten Meistern des gerade vergangenen Jahrhunderts seinen Platz haben. Denn damals präsentierte Paul noch vor allem die Kunst des 19. Jahrhunderts, und das bot Picasso die Gelegenheit, sich in die Tradition der großen Klassiker der vergangenen Jahrhunderte zu stellen. Deutlicher als jeder andere spürte Picasso, wie schon gesagt, die Zusammenhänge zwischen künstlerischer Produktion und Kunsthandel und überwachte die Ausstellungen seiner Werke sorgfältig. Roland Penrose schreibt: »Seine Freundschaft mit Paul Rosenberg vertiefte sich, da sich der Kunsthändler nützlich zu machen verstand, Picassos Interessen vertrat und in seiner Galerie Ausstellungen für ihn organisierte.«*

Er war froh, endlich einen Händler zu haben, der das Moment der Weiterentwicklung begriff. Mit großem Feingefühl stellte Rosenberg Picassos Bilder zusammen mit Werken von Turner, Monet und Delacroix aus. Und er konnte Picasso schließlich davon überzeugen, sich vom Kubismus zu lösen. Er

* Roland Penrose, *Picasso, His Life and Work*, Berkeley und Los Angeles 1958 (dt.: *Picasso: Leben und Werk*, München 1961)

hat nicht nur Picasso auf diesen Weg gebracht. Dasselbe tat er bei Matisse, und Braque entwickelte sich bei Paul vom Kubismus zu ... Braque. Rosenberg hat sie alle wieder zum Sujet zurückgebracht, selbst in der Abstraktion. Da verband sich sein ästhetisches Gespür mit dem kommerziellen, und die Zeit hat ihm recht gegeben.

Bei der ersten Ausstellung von Picasso-Zeichnungen im Oktober 1919 zeichnete Picasso selbst für die Einladungen zur Vernissage verantwortlich. Beide, Picasso und Rosenberg, wollten mit dieser Ausstellung einen Bruch markieren: Sie enthielt kein einziges kubistisches Bild, sondern 167 Zeichnungen und Aquarelle. Maler und Galerist entschieden sich für die Zeichnungen, weil sie das unbekannte, weniger revolutionäre Werk Picassos zeigen wollten, in dem sich dennoch etwas Neues ankündigte. So demonstrierte Picasso seine Hinwendung zum Klassizismus und zugleich seine Offenheit für neue Entwicklungen.

Das Publikum entdeckte eine Fülle von Harlekinen, Stierkampf-, Zirkus- und Ballets-russes-Szenen, aufs Meer vor Saint-Raphael hinaus geöffnete Fenster, Porträts und Stillleben, die den Klassikern näherstanden als alles, was man bis dahin von Picasso kannte.

Im Herbst überredete Paul Picasso, in das Haus nebenan zu ziehen, in die Rue La Boétie 23, wo das Ehepaar Picasso nun zwei Etagen bewohnte. Die beiden Männer wurden enge, ja unzertrennliche Freunde.

Diese Nähe war fast körperlich zu spüren, als ich die 214 Briefe las, die Paul von 1918 bis zu seinem Tod 1959 an Picasso schrieb, zum größten Teil zwischen dem Ende des Ersten Weltkriegs und 1940, als der Zweite sie einander entfremdete.

Forscher können sie im Musée Picasso einsehen. Ich hatte

geahnt, dass dort ein Schatz liegt, aber ich hatte mir nie die Mühe gemacht, ihn genauer anzuschauen, weil ich mir ja ein eigenes Leben außerhalb der Familie schaffen wollte. Jetzt, da ich mich entschlossen habe, diese Vergangenheit zu erforschen, sitze ich tagelang in der Bibliothek im Dachgeschoss des Museums und hoffe, in diesen Briefen mehr darüber zu erfahren als in den Büchern, was diese beiden scheinbar so verschiedenen Männer miteinander verbunden hat.

Aber es ist merkwürdig, diese Briefe in nur einer Richtung zu lesen, man malt sich die fehlenden Antworten aus, versucht die Lücken zu füllen. Immerhin erfahre ich einiges über das Familien- und gesellschaftliche Leben meines Großvaters in diesen Jahren.

Die Korrespondenz hat Picassos Familie dem Museum geschenkt, sie enthält nur die Briefe von Paul. Briefe von Picasso an Paul besitze ich fast keine: Picasso schrieb selten, und die wenigen Briefe sind während des Kriegs von den Besatzern oder französischen Kollegen gestohlen worden. Vielleicht finden sich eines Tages bei einem Trödler Briefe, die mit »Mein lieber Rosi« anfangen, wie Picasso Paul nannte, der ihm mit »Mein lieber Pic« antwortete.

Ich muss also versuchen, die Beziehungen, den Dialog zwischen ihnen zu rekonstruieren. Was erzählten sie sich? Alltägliches, oder sprachen sie, analog zu den berühmten *Gesprächen* von Goethe und Eckermann, über Racine und Delacroix? Tatsache ist, dass sie sich, wie kleine Jungens, durch ihre Küchenfenster unterhielten, die auf denselben Hof hinausgingen. Nicht selten zeigte Picasso Paul durchs Fenster auch das Bild, an dem er gerade arbeitete. Und es verging kaum ein Tag, ohne dass Picasso bei seinem Freund und Händler vorbeischaute.

Pauls Briefe, in der unaufdringlichen Schrägschrift der Menschen um die Jahrhundertwende, beginnen zunächst mit: »Mein lieber Freund«, später heißt es dann »Mein lieber Pic« oder »Mein lieber Casso« (wie meine Mutter ihn als Kind nannte). Sie haben oft einen frivolen Unterton, der für Picasso nach der Ernsthaftigkeit von Léonce gewiss überraschend war.

Das Du kam, nach zwanzig Jahren Siezen, erst nach dem Krieg, als hätten die beiden Männer, die fast wie Zwillinge gewesen waren, bevor der Krieg sie getrennt und einander entfremdet hatte, beschlossen, dass die Tragödien des Jahrhunderts sie von der höflichen Distanz der Vorkriegszeit befreit hatten.

Anfangs tastet sich Paul sichtlich vor. Er entdeckt die, wie er spürt, unermessliche Kunst dieses Malers, aber er versucht noch, sie zu verstehen. »Léonce sagt, Sie seien als kubistischer Maler größer, als wenn Sie nach der Natur malen ... Denke ich zu beschränkt?«[1]

In den Zwanzigerjahren wird Picasso nach London eingeladen und begeistert empfangen. Paul ist fasziniert von Picassos Triumph und dem Enthusiasmus, mit dem er in der »gentry« Großbritanniens aufgenommen wird. Picasso gehört nun zur »ultra-schicken«[1] Gesellschaft und schreibt, er habe in London »in der feinen Gesellschaft verkehrt«.[2] Das gefiel ihm, und zwar noch ein paar Jahre lang, bevor er sich, unter dem Einfluss der Surrealisten und in die junge Marie-Thérèse Walter verliebt, in sein Haus in Boisgeloup zurückzog, wo er ein einfacheres Leben führte.

1 Alle in diesem Kapitel zitierten Briefe befinden sich im Picasso-Archiv.
2 Zitiert nach Michael Fitzgerald

Die Briefe sind zum größten Teil auf Reisen und in den Ferien geschrieben, wenn einer von beiden nicht in Paris war. Warum sollten sie sich auch schreiben, da sie doch in Rufweite nebeneinander wohnten? Allenfalls einige freundschaftliche Zeilen, wie man sie auf Visitenkarten für den Nachbarn hinterlässt. »Können wir nach dem Abendessen zu Ihnen hinaufkommen? Antworten Sie bitte durchs Fenster«, schrieb Paul schon 1918. Oder scherzhaft: »Ich bin bei Ihnen gewesen, Sie waren nicht da. Hiermit lade ich Sie zu mir nach Hause vor.«

Paul blieb im Sommer in Paris oder fuhr nach Deauville, während Picasso – lange vor der Bardot, der Nouvelle Vague und den Fünfzigerjahren – die Côte d'Azur entdeckte, Juan-les-Pins, Antibes, später dann Cannes und Mougins, und dort wochenlang malte, wie Cézanne und van Gogh trunken vom Licht und den Farben. Damals war der Süden in der sommerlichen Schwüle eine von der Bourgeoisie gemiedene Wildnis, sie zog die kühleren Temperaturen der Normandie vor.

Picasso reichten Pinsel, Leinwand und seine Vorstellungskraft, er brauchte nicht um den Globus zu reisen, um neue Welten zu entdecken. Er reiste wenig, hat auch nie amerikanischen Boden betreten, obwohl sein Werk dort Triumphe feierte. Paul hingegen fuhr gern in Städte, um seine Sinne zu erfreuen. Auch seine Frau und die Kinder sollten Europa entdecken, besser gesagt, die Museen Europas! Über Plätze zu schlendern, durch Geschäfte zu bummeln oder in einer Bar Flamenco zu tanzen kam für die Rosenbergs nicht infrage. Für sie waren die Ferien zur Bildung da: vom Kunsthistorischen Museum in Wien bis zum Prado in Madrid, von der Accademia in Venedig bis zur National Gallery in London. Am liebsten fuhr Paul nach Italien, das ihm Bewunderungsrufe entlockte.

Aus Florenz schrieb er 1923 seinem Freund: »Mittelmäßige Malerei ist mir mehr und mehr zuwider. Drei Maler bleiben, die ich bewundere: Corot, Cézanne und Sie. Durch die alten Italiener und Flamen und die großen Meister lerne ich Ihre Malerei noch mehr lieben.« Und 1932: »Ich bin über Mailand, Genua, Pisa, Volterra und Siena nach Rom gekommen, um zu merken: an allen Ecken und Enden Corot, manchmal Cézanne.«

Im Januar 1936 entdeckte er aufgewühlt Ägypten, das Museum in Kairo, die Pyramiden, Luxor. »Was für Künstler, unbehindert durch die angehäuften Konventionen!«

Jerusalem hingegen ließ ihn kalt: »Keineswegs erkenne ich hier meine Vorväter. Ich jammere doch lieber in Paris, als wie meine Artgenossen an einer Mauer zu klagen.« Zum Zeitpunkt dieses Besuchs stand Palästina unter britischem Protektorat, und die Klagemauer befand sich bis zum Sechs-Tage-Krieg 1967 in einem engen Sträßchen. Keine mystische Offenbarung also, kein ehrfürchtiger Schauer vor diesen Bruchsteinen, die nur anziehend sind durch das, was man ihnen selbst hinzufügt.

Mein Großvater war Jude aufgrund des Namens, der Zugehörigkeit und der Tradition, aber nicht aufgrund eines religiösen Bekenntnisses. Ich habe viele Erinnerungen an meine sehr fromme Großmutter, die morgens und abends in ihrem Zimmer betete und einen Platz in der Synagoge in der Rue de la Victoire hatte wie all die alten Familien, die vor dem Krieg »israelitisch« genannt wurden. Aber ich erinnere mich an keinerlei Anzeichen, dass mein Großvater sich dem Judentum besonders verbunden gefühlt hätte. Das einzige war, dass er als starker Raucher (mehrere Päckchen pro Tag) an Yom

Kippur keine Zigarette anrührte und dies für ein sehr viel größeres Opfer hielt als das Fasten und die Bigotterie der übrigen Familie.

Paul und Pic entstammten nicht demselben gesellschaftlichen Milieu, und Picassos bürgerliche Periode – Anzug, Weste, Zigarre – blieb auf ein paar Jahre beschränkt. »Mein Traum wäre«, sagte er einmal zu Léonce, »reich zu sein, aber zu leben wie ein Armer.«

Die Rechnungen aus den Jahren 1920–21 zeigen, dass Rosenberg seine Maler für die damalige Zeit komfortabel ausstattete: Für ein großes Gemälde bezahlte er Picasso 50.000 Francs, für ein Aquarell 12.000 Francs, für ein kubistisches Stillleben 2.400 Francs.[1] Im Oktober 1923 erhöhte Picasso seine Preise um mehr als hundert Prozent, entwickelte also ebenfalls Geschäftssinn. Paul erzählte 1941 *Newsweek* davon: »Ich suche mir in Picassos Atelier die Bilder aus, die ich kaufen will, und als wir über den Preis reden, wird es amüsant. Wir tauschen schreckliche Argumente aus, aber immer in aller Freundschaft. Eines Tages habe ich zu ihm gesagt, ich würde ihn am liebsten in die eine Wange beißen und auf die andere küssen!«[2]

Der eine hatte also seine »Bourgeoisperiode«, und der andere, gewiss kein Bohemien, verkehrte in Kreisen, die es schon gar nicht waren und denen anzugehören er nicht immer glücklich war. Paul ertrug die mondänen Aufenthalte in Deauville, Evian oder Sankt Moritz schlecht, in den Briefen beklagt er sich über alles, vor allem über den Regen in der Normandie, und träumt von der Sonne des Südens.

»Hier ist man sehr beschäftigt – Leute zu treffen, die man

1 In Euro umgerechnet, bleiben sich die Beträge kurioserweise gleich.
2 Familienarchiv

in Paris Tag für Tag sieht.« Oder er scherzt: »Das ist eine Gegend für Sie, sehr kubistisch und voller Verhältnisse zwischen:

1) Franzosen und Ausländern,
2) Kokotten und ehrbaren Frauen,
3) Spielern und seriösen Leuten,
4) Spitzbuben und anständigen Leuten,
5) Personen, die im Gefängnis waren, und solchen, die hineinkommen werden,
6) Leuten, die sich amüsieren, und solchen, die sich aus Snobismus dort zeigen. In diesem Punkt besteht ein Missverhältnis.«

Zu welcher Kategorie er sich selber zählte, bleibt offen. Aber seine Jeremiaden waren etwas scheinheilig, denn er verachtete diese Ferien der wohlhabenden Pariser keineswegs. Trotz der Kritik an all den Snobs, angefangen bei seiner eigenen Frau, die sich in diesen – ja durchaus nicht für alle Franzosen – goldenen zwanziger Jahren sinnlosen und teuren Zerstreuungen hingaben, saß er selbst jeden Abend am Bakkaratisch, stolzierte wie alle anderen im Smoking umher und bestaunte die rosigen Wangen seiner Kinder.

Dennoch klagt er, weit weg von seinen Bildern zu sein, nach denen er sich schon sehnt, und lästert: »Die ganze Hautevolee ist hier. Je höher die Gesellschaftsschicht, desto niedriger die Moral.« Im September 1929: »Ich komme aus Deauville zurück. Keine Erholung, alles geschäftiger als in Paris, vor allem nichts Sinnvolles zu tun, außer herumzustolzieren.« Im Jahr darauf das gleiche Lied: »Hier ist alles gekünstelt. Jeder kommt zum Sehen und Gesehen-Werden. Die Kinder haben den Strand und die Felder; die Eltern das Casino und das Auto; die Männer die leichten Mädchen. Und es gibt viele davon in der Normandie! Lauter Snobs, und wir als erste, Margot liebt das. Bald werden alle in den Süden gehen.«

In der Tat zog die kleine Gruppe von Privilegierten, Nachtschwärmern und Mondänen später nach Saint-Tropez oder auf die angesagten Antillen-Inseln.

Gelegentlich erkundigte sich Paul diskret nach der Produktion seines Malers: »Die Ausstellung des bewussten Picasso ist mit großem Tamtam für den baldigen 14. Februar angekündigt«, erinnerte er Picasso im Januar 1921. »… und meine Harlekine, meine Harlekine!«, jammerte er angesichts der Nachlässigkeit Picassos, der nicht das gewünschte Produktionstempo an den Tag legte. Im August 1929 wieder dieselbe Beschwerde: »Sie sind weggefahren, ohne mir meinen Harlekin zu liefern, Sie sind schrecklich!« Für Schlamperei und Trägheit hatte der fast manisch gewissenhafte Paul anscheinend kein Verständnis.

Periodisch beklagte er sich auch, »Ihren neuen Stil noch nicht gesehen zu haben«, freilich nicht im Ton eines Finanziers, der Fotos von der neuen Kollektion Karl Lagerfelds anmahnt, sondern wie ein Kind, vor dem man sein neues Spielzeug versteckt. Er war fasziniert vom Genie des Malers, der nur allzu gut darum wusste. »Man redet nur davon, dass Sie nach Russland gefahren sind, um die Porträts der neuen Herren zu malen«, schrieb er an Picasso, der in Moskau Stalin und seine Handlanger traf. »Ich bin sehr ungeduldig, die Produktion von 1926 zu sehen. (…) Geben Sie mir doch eine Vorstellung vom ›neuen Picasso‹.« Paul hatte früh begriffen, dass der Maler seinen Stil fast jedes Jahr ändern würde.

Manchmal, wie im Juli 1921, bestellte er ohne Umschweife: »Für diesen Winter brauche ich sehr viele Bilder. Ich bestelle hundert bei Ihnen, auszuliefern am Ende der Ferien.« Merkwürdig, dass Paul sich wie der Besitzer eines Modesalons ausdrückt, der beim Großhändler um die Ecke seine Winterkollektion bestellt ...

Schämte er sich, hatte er Komplexe gegenüber denen, die ein Werk erschaffen können? Tatsächlich kehrt in den Briefen an Picasso und später an Matisse das Bedauern immer wieder, nur Vermittler, nie schöpferisch zu sein. Er wusste genau, dass er es mit einem der größten zeitgenössischen Künstler zu tun hatte, auch wenn er ihn zum Schaffen drängen musste (wie es zu seiner Zeit auch Durand-Ruel bei »seinen« Impressionisten tat), und unterstützte jeden Stilwandel Picassos. Die ständige Erneuerung faszinierte ihn, und zwischen 1918 und 1932 gingen alle großen Werke Picassos durch seine Hände.

Schon in den Zwanzigerjahren, schrieb er 1941 in dem schon erwähnten Artikel für die Zeitschrift *Art in Australia*, habe er Besuchern, die vor diesen Bildern stutzten, die so anders waren als alles, was sie kannten, erklärt: »Picasso geht immer wieder über seine Grenzen hinaus; er ist der größte Maler der Gegenwart, und für mich ist jede seiner Serien ein Genuss. (...) Picasso, der alle Regeln umgestürzt und andere nach seiner Vorstellung geschaffen hat, der es leid war, ständig dieselben Formen wiederholt zu sehen, hat seine eigenen erfunden, neue Horizonte eröffnet und die Malerei zu dem geführt, was sie sein sollte, nämlich ein Werk der Kunst, nicht bloße Dekoration.«

Das mondäne bürgerliche Leben in der Rue La Boétie ging weiter. 1929 kaufte Paul Pferde. Um es Wildenstein gleichzutun? »Ich besitze zehn Pferde. Ich werde ihnen die Namen meiner Maler geben. Und wenn ein Picasso gewinnt, wird das für Ihre Erzeugnisse Reklame machen«, albert er und verflucht diese Rennpferdmanie, die ihn ein Vermögen kostet.

Im selben Jahr wurde ihm der Orden der Ehrenlegion verliehen. Picasso gratulierte, worauf Paul antwortete: »Mein lieber Picasso, der Ritter dankt für Ihre Glückwünsche, sie haben mir einen weiteren Autografen eingebracht.« Dann kommt er auf die geschäftlichen Angelegenheiten seines Freundes zu sprechen, die er in die Hand genommen hat, und vor allem auf die ungeduldig erwarteten Bilder: »Ihre Rechnungen sind bezahlt (…) Aber Sie schreiben nichts über Ihre Malerei und das, was Sie gemacht haben, in welchem neuen Stil Sie malen. Ich fürchte mich vor Ihren Aufenthalten in Dinard. Sie massakrieren die Menschheit dermaßen, dass ich Angst habe, Sie werden es noch mehr tun, wenn Sie Ihren Figuren wieder ein menschliches Gesicht geben.« Das sind die ersten Anzeichen jenes von privaten und historischen Erschütterungen geprägten Stils Picassos in den Dreißigerjahren, etwa in den aufgesplitterten Porträts von Dora Maar, die er 1936 kennenlernte. Im selben Jahr brach der spanische Bürgerkrieg aus.

Wegen Pauls fragiler Gesundheit, seinen häufigen Magengeschwüren fuhren die Rosenbergs seit 1927 auch nach Vittel oder Evian zur Kur. »Keine Anstrengungen, ein friedliches, ruhiges Leben. Es ist ein Traum, nur für meine Frau nicht, die sich hier nicht besonders amüsiert. Sie möchte nach Deauville. Um des lieben Friedens willen werde ich nachgeben.«

Wenn man die Briefe aus der Zwischenkriegszeit liest, staunt man, wie wenig darin von den politischen Entwicklungen in

Europa die Rede ist. Als hätten sie sich in die Kunst und die Freundschaft versenken wollen, weit weg von den Angelegenheiten der Welt. Nur die Unterzeichnung des Friedensvertrags nach dem Ersten Weltkrieg und die anschließenden Feiern werden kurz erwähnt. Aber weder die Weltwirtschaftskrise 1929 noch die militanten rechtsextremen Bünde der Dreißigerjahre, weder die Volksfrontregierung noch der spanische Bürgerkrieg, noch Hitlers Machtübernahme tauchen im Briefwechsel auf, der doch vierzig Jahre umfasst. Wahrscheinlich haben sie sich darüber mündlich unterhalten. Schriftlich geht es um die Malerei, immer um die Malerei, und den Alltag.

So bleibt ihre Beziehung über zwanzig Jahre lang. Viele Vorwürfe von Paul, dem vernachlässigten Freund, der sich oft verstimmt zeigt und einen Brief oder zumindest eine Nachricht fordert. Der Ton ist herzlich, ehrfürchtig und kameradschaftlich zugleich. Manchmal auch fast zärtlich: »Es sind jetzt acht Tage, dass wir Sie nicht gesehen haben. Ich bin unruhig, und meine Freundschaft leidet darunter.« Diese Freundschaft hat etwas Starkes, Ausschließliches, als wäre Picasso Pauls einziger Freund gewesen. Vielleicht war Picasso der einzige, der seinen unruhigen Charakter verstand? »Ich sehe Ihre geschlossenen Fensterläden, das ist traurig«, schreibt Paul an sein Alter Ego. »Ihre Bilder hängen an meinen Wänden, und Ihr tägliches Kommen fehlt mir.« Eine Brüderlichkeit wie zwischen Montaigne und La Boétie, eine augenzwinkernde Reverenz an die Straße, in der sie beide wohnen?

Es folgen die Klagen über die endlosen Renovierungsarbeiten in der Galerie Rosenberg, über den darniederliegenden Kunstmarkt, die seltenen Käufer und die wenigen Kunstliebhaber. »Ich habe ein Vermögen für alte Rahmen ausgegeben.

Aber die Bilder werden so selten gekauft, dass ich bald nur noch die Rahmen verkaufe. Die Sauce wird helfen, den Braten zu schlucken!« Trotz dieser Lamentos gab es gute Zeiten, in denen die Preise der »zur Börse gewordenen Kunst« explodierten, Ende der Zwanzigerjahre und in den USA unmittelbar nach dem Zweiten Weltkrieg. Aber wenn man Paul hörte, gingen seine Geschäfte sein Leben lang schlecht.

Hin und wieder verfiel mein Großvater in Depressionen, oft im Zusammenhang mit seiner schlechten Gesundheit und seinen chronischen, schmerzhaften Magenbeschwerden, die ihm das dürre, fast abgezehrte Aussehen verliehen, das mich in meiner Kindheit so beeindruckte. Meine Großmutter hingegen besaß die schöne weiche Rundlichkeit, die Kinder zum Schmusen verlockt.

Im September 1929 vertraute Paul Picasso an: »Ich muss die Hölle in mir haben, dass ich mich überall da wohlfühle, wo ich nicht bin.« Ein herrlicher Satz. Es kommt selten vor, dass er sich so offen über seine seelische Verfassung und sein Privatleben äußert. Zwischen meinen Großeltern kam es oft zu heftigen Auseinandersetzungen, die die Ehe belasteten, ohne dass sie daran zerbrach. Aber von diesen Szenen weiß ich nur durch Familienmitglieder, in den Briefen an Picasso habe ich kein Wort darüber gefunden.

Hat er seinem Freund im Haus nebenan überhaupt je davon erzählt? Damals war man wahrscheinlich eher zurückhaltend, denn Paul erwähnt auch Picassos Trennung von Olga nicht (obwohl er sich, auf Wunsch des Malers, bei der Scheidung um die Inventarisierung des Besitzes kümmerte), auch nicht die wechselnden Lebensgefährtinnen: Marie-Thérèse Walter, die zumeist in Boisgeloup versteckt war, Dora Maar,

Françoise Gilot und Jacqueline Roque, die allerdings erst nach dem Tod meines Großvaters Picassos Frau wurde.

Überraschend ist die Entdeckung, dass Paul sich zu Kritzeleien hinreißen ließ, ohne sich zu schämen! Auch meine Großmutter tat es ohne Zögern. Mit ihrem Federhalter (bis zu ihrem Tod 1968 habe ich sie nie anders als mit ihrem in ein großes Tintenfass getauchten Schulfederhalter schreiben sehen) zeichnete sie den Blick aus ihrem Zimmer in Deauville, der zumeist in Kleckse mündete ...

Zu der Zeit wohl zeichnete Picasso als Exlibris für Paul ein offenes Fenster. Es klebte auf dem Vorsatzblatt aller Bücher meines Großvaters und schmückte bis zuletzt die Publikationen und Glückwunschkarten der Galerie Rosenberg.

Manchmal waren die beiden auch albern wie Schulbuben. Pauls Brief vom 4. Juli 1919 ist mit Bleistift schwarz umrandet. Ein Todesfall, zu dem mein Großvater sein aufrichtiges Beileid ausdrückte: »Der Papagei ist tot.« Es ging um das traurige Ende des Vogels, den Picasso den Rosenbergs in Pension gegeben hatte und von dessen letzten Momenten Paul berichtete. Unmittelbar darauf schrieb er: »Ich habe den Renoir verkauft, den Sie so sehr liebten, ›Die Frau, die ihr Hemd auszieht‹«, was den Ernst der Todesanzeige etwas relativiert ...

Bubenscherze, Vertraulichkeiten beziehungsweise Neckereien: »Liebe treulose Tomate, ich werde mich auf die Malerei werfen, ich bin eifersüchtig auf Ihre Lichter. Aber in welchem Stil soll ich malen? Kubistisch, rondistisch, loyalistisch, royalistisch, republikanisch und monarchistisch! Tatsächlich will ich Pinselist sein.«

In all den Jahren ihrer Freundschaft vermischt sich Geschäftliches und Privates: Paul kümmert sich um die praktischen Angelegenheiten Picassos, seine Bankpapiere, bestellt die Sperrholzplatten, die er für seine Collagen braucht, oder schickt ihm Tabak, und Picasso schickt ihm seine geliebten Bonbons aus der berühmten Konditorei in Nizza, Vogade. »Danke für die schöne Fatma, den schönen Neger, Ihr Foto und die Bonbons«, antwortet Paul, bei dem gleichzeitig kühne Bilder und gefüllte Bonbons ankommen.

Als Picasso in London war, schickte Paul ihn als Kundschafter aus: »Demnächst findet dort eine Ausstellung mit zwei Daumiers, einem Degas und einem Monet statt. Könnten Sie mir sagen, ob sie es lohnen, dass ich übers Meer fahre, um dabei zu sein?«

Sogar über Technik wagte mein Großvater zu reden: »Können Sie mit englischen Pinseln und Farben malen, auf englischer Leinwand? Verwenden Sie keinen Taft, er wellt sich, wenn man ihn nass macht.«

Nie vergaß er, für seinen Maler und Freund zu werben. So stellte er dem 78-jährigen großen Renoir das Werk seines jungen Malers vor: »Habe Renoir gesehen. Ihm von Ihnen gesprochen. Von manchen Sachen war er verblüfft. Und noch schockierter von anderen.« Picasso war entzückt, dass der bewunderte Meister sich für seine Arbeit interessierte. In diesen Jahren begann er eine Art malerischen Dialog mit Renoir, der für seinen damaligen Stil prägend wurde.

Paul bewies seinem Freund gelegentlich auch gern, dass sein untrügliches Auge sich von geschäftlichen Interessen nicht trüben ließ: »Ich hatte von jemandem Besuch, der glaubte, einen falschen und einen echten zu besitzen. Ich habe ihn beruhigt und ihm gesagt, dass beide von Ihnen sind.«

Gegenüber den Darstellungen von Sexualität in Picassos

Bildern – und Gott weiß, wie viele es davon gibt – blieb Paul merkwürdig altmodisch, Pierre Daix beschreibt ihn sogar als prüde: Die krudesten Bilder habe Paul abgelehnt, so einen Akt von Marie-Thérèse, über den er gesagt haben soll: »Ich will keine Arschlöcher in meiner Galerie!«[*]

Doch nach und nach – seltsam bei Freunden, die sich so nahe standen – kühlte ihre Beziehung ab.

Picasso ging auf Distanz, beschäftigte sich viel mit dem Surrealismus, den Paul wie auch Kahnweiler sich vom Leib hielten, und das schöne nachbarliche Einverständnis verwandelte sich langsam in die klassischere kommerzielle Beziehung. Paul spürte das und warf es Picasso auch vor, indem er ihn brieflich als seinen »unsichtbaren Freund« titulierte. Allerdings verbrachte Picasso zu Beginn der Dreißigerjahre auch weniger Zeit in der Rue La Boétie, er war oft in Boisgeloup, sechzig Kilometer nordwestlich von Paris, bei Marie-Thérèse, mit der er eine Tochter hatte, Maya, und die ihn zu bedeutenden Werken inspirierte. Es war ein neuer Picasso, der »Lord du Bois Jaloux«, des Eifersüchtigen Waldes, wie mein Großvater schrieb, der sah, wie sich sein Freund immer mehr von ihm entfernte.

Nach dem Zweiten Weltkrieg und vier Jahren Schweigen war es noch schwieriger, zu der einstigen Nähe zurückzufinden. Die immer selteneren Briefe sind nicht mehr mit der Hand, sondern mit der Maschine geschrieben, vor allem seit mein Großvater wegen eines Schlaganfalls Schwierigkeiten mit dem Schreiben – und Sprechen – hatte.

Doch im August 1944, als Paris befreit wurde und die Post wieder funktionierte, schreibt er Picasso voller Wärme: »Ich

---

[*] Pierre Daix, *Dictionnaire Picasso*, Paris 1995

128

brauche Ihnen nicht erst zu sagen, wie sehr Sie mir während meines Exils gefehlt haben.«

Dann begannen sie sich zu duzen, wahrscheinlich nachdem sie sich getroffen hatten, als Paul 1945 nach Paris kam, um nach seinem geplünderten Besitz zu sehen und wieder an das Leben vor dem Krieg anzuknüpfen. Und so begann auch das Gemisch von Freundschaft und Geschäft wieder, auch mit Picasso, obwohl er nicht mehr bei meinem Großvater unter Vertrag stand, sondern zu seinem früheren Händler Kahnweiler zurückgekehrt war. »Mein lieber Picasso, Du sollst wissen, dass ich gut in New York angekommen bin. Für welche Summe würdest Du das kleine Stillleben mit Obstschale und Kirschen rechts verkaufen? Ich umarme Dich, Paul.«

Am 15. Juli empörte sich mein Großvater über unlautere Geschäfte mit Picassos Namen: »Gerade erfahre ich, dass in New York demnächst Stoffe verkauft werden sollen, die sich ›Picasso-Grau‹ nennen. Es ist illegal, sich eines so berühmten Namens wie des Deinen zu bedienen, um irgendwelche Waren zu verkaufen. Eine Parfumfirma hatte den Namen Renoir verwendet, und nach einem von seiner Familie geführten Prozess musste sie ihn ändern. Gibst Du mir die gesetzliche Vollmacht, Dich zu vertreten und zu verteidigen?« Was Paul wohl sagen würde, wenn er das Citroën-Modell Xsara Picasso sähe, das zu Tausenden über die Straßen Frankreichs rollt?

Bis zu seinem Tod (am 21. Juni 1959) sah Paul Picasso nur noch einmal im Jahr, wenn er sich im Sommer in La Californie in Cannes aufhielt.

Ich glaube, mein Großvater war verletzt, dass Picasso nach dem Krieg seine 1914 unterbrochene Beziehung zu Daniel-Henry Kahnweiler wieder aufnahm, der bis zu Picassos Tod

1973 auch sein Händler blieb. Aber Paul war in New York und oft krank, und Picasso, den jeder der beiden Weltkriege seinem jeweiligen Händler entfremdet hatte, war zu einem seiner frühesten Bewunderer zurückgekehrt.

Die Bewunderung meines Großvaters für den außergewöhnlichen Künstler blieb dennoch grenzenlos. »Der größte Künstler der heutigen Welt«, sagte er in den Dreißigerjahren. »Der fruchtbarste Künstler der Geschichte«, sagte er in den Fünfzigern.

Nach Pauls Tod hielten meine Großmutter und später meine Mutter die Verbindung aufrecht, brieflich und durch Besuche in La Californie, später in Notre-Dame-de-Vie in Mougins, an das auch ich mich erinnere.

Zunächst tauchen nur ziemlich ferne Bilder von Picasso aus meinem Gedächtnis auf. Picasso in seinem gestreiften Pullover – wie auf dem berühmten Foto von Doisneau – in einem Restaurant in Saint-Tropez, in das er meine Großeltern und mich in den Fünfzigerjahren einlud. Es war eines jener Essen, die Kindern endlos vorkommen, und die Wirtin stürzte sich auf die Reste des Papiertischtuchs, auf das er etwas gekritzelt hatte.

Später begleitete ich meine Eltern oft in sein Haus in Mougins, wenig begeistert über den Spaziergang, der mich um einen Nachmittag mit meinen Cousins am Strand von Cannes brachte. Das Ritual war immer das gleiche. Das Tor mit der Gegensprechanlage öffnete sich – es war die Zeit der Filme von Jacques Tati, und dieses technische Spielzeug schien mir der Gipfel der Modernität –, und Jacqueline erwartete uns vor dem Haus, in Caprihose und buntem Hemd, ganz Bewunderung, Hingabe und Liebe für ihren großen Mann. Ich sehe sie noch vor mir, bei unseren jährlichen Besuchen nach Picassos Tod, aufrecht wie eine Statue, eine hoheitsvolle Witwe, mit der Kopfhaltung einer Spanierin und langem Hals, wie Picasso sie so oft gemalt hat, barhäuptig oder mit Kopftuch, Turban oder Mantilla.

Ich war nicht in dem Alter, in dem man das mit Farbflecken übersäte Parkett zu schätzen wusste oder gar bewunderte, auch nicht den unglaublichen Wirrwarr in diesem Haus, das ich vor allem schmutzig und unordentlich fand. Picassos Zimmer war eine regelrechte Rumpelkammer, und ich verstand nicht, warum meine sonst so pingelige Mutter angesichts dieser Räume, die im Chaos und Staub versanken, in Verzückung geriet. Die Kopfstütze von Picassos Ehebett hatte kein Handwerker fabriziert: dazu diente eines seiner Gemälde, das mit dem Rücken nach vorn an der Wand stand, damit die Kopfkissen am Keilrahmen, nicht an der Leinwand lehnten.

Ich rannte am liebsten mit Jacquelines Tochter Catherine und Claude, dem Sohn von Picasso und Françoise Gilot, durch den Garten. Wir kletterten auf die berühmte Bronze-Ziege, von der ein Exemplar heute im Hof des New Yorker MoMA steht. Die Bronzestatue daneben, das *seilhüpfende kleine Mädchen*, mochte ich weniger, die Skulptur war komplizierter als die Ziege, und vor dem leicht nach innen gedrehten einen Schuh grauste mir ein bisschen, er kam mir wie eine Verkrüppelung vor.

Damals, in den Sechzigerjahren, der Zeit der Simca Aarondes und Renault Dauphines, enthielten die Evian-Flaschen noch einen Liter, waren aus Glas und mit einer Metallkapsel verschlossen. Was mich bei den Picassos entzückte, war eine Vitrine, deren Inhalt ausnahmsweise auch für Kinder verständlich war: Sie enthielt Dutzende dieser Eviandeckel, gepresst, verdreht, in magische Tiere oder Ungeheuer verwandelt von dem Mann, der einen Fahrradlenker, einen Rechen oder einen Flaschenverschluss in die Hand nahm und sie zu seltenen Objekten machte, vor denen die Besucher in Verzückung gerieten.

Ich gebe zu, ich habe damals öfter gedacht – wie die Kunden, die meinen Großvater beschimpften, als er 1920 in der Vitrine seiner Galerie Kritzeleien ausstellte, »die (ihres) Sohnes in der Vorschule würdig waren« –, dass man um die kleinsten schöpferischen Gesten Picassos zu viel Aufhebens machte. Dabei war die Zeit der Vorkriegs-Verständnislosigkeit längst vorbei, sie hatte einer vorbehaltlosen Bewunderung für diesen Maler und die zeitgenössische Kunst generell Platz gemacht.

Schließlich tauchen auch jüngere Bilder aus meinem Gedächtnis auf: Picasso, der nicht mehr ausging, in seiner blauweiß karierten Jacke, sein durchdringender Blick, der mich einschüchterte, sein spanischer Akzent, sein ausgezeichnetes Französisch und seine mangelhafte Orthografie, und schließlich seine Zuneigung für meine Mutter.

Als mich meine Eltern nach ein paar Jahren, in denen ich dem Besuch bei dem großen Maler entgangen war, wieder mitnahmen, fiel ihm auf, dass ich größer geworden war. »Ich werde deine Tochter malen«, sagte er zu meiner Mutter, die selig war. »Ich sehe, dass sie überall Augen hat!« Ich schrie: »Nein!« und lief weg, erschreckt von der Vorstellung, Augen mitten im Gesicht zu haben, eine »verzerrte Fresse« (wie ich die Porträts von Dora Maar damals nannte, die nie meine Lieblingsbilder waren). Für eine Vierzehnjährige war diese Malerei schwer zu begreifen, für mich war Picasso damals kein Gigant des 20. Jahrhunderts, sondern ein Gesichterdieb. Hätte er das Vorhaben ausgeführt, wenn ich nicht weggelaufen wäre? Wahrscheinlich nicht, aber wenn ich auch kein ruhmreiches Porträt bekommen habe, bleibt mir doch wenigstens ein Foto mit ihm zusammen, vor seinem Haus in Mougins, als ich zwanzig Jahre alt war. Ich mag seinen Blick auf diesem langsam verblassenden Foto, kraftvoll und magnetisch wie der, den er sich in seinen ersten Selbstporträts um die Jahrhundertwende gab, und der tief in die Seele dringt, um geheimnisvolle Züge daraus zu schöpfen.

BOULEVARD MAGENTA

NUMMER 1, Ecke Place de la République. Auf der Demonstrationsroute. Am 1. Mai 2002 standen wir zu Hunderttausenden stundenlang vor dieser Tür und kamen nicht vorwärts, weil die Menge so dicht war, die gegen Jean-Marie Le Pen demonstrierte, der es hinter Jacques Chirac in den zweiten Wahlgang geschafft hatte. Eine Le-Pen-Generation später ist die Gefahr noch genauso groß … Es war heiß, wir waren unruhig und durstig, und ich war auf der Suche nach Mineralwasser, nicht auf Familienpilgerfahrt. Ich hatte also das Haus schon gesehen, ohne es zu sehen. Haussmann-Stil, schwerfällig und plump.

Dort hatte meine Großmutter als junges Mädchen gewohnt. Marguerite Loévi hat sich darin verlobt und es am 7. Juli 1914 morgens verlassen, um Madame Paul Rosenberg zu werden. Mein Urgroßvater Loévi, der Vater von Marguerite und ihren Geschwistern Michel, Marianne und Madeleine, war Weinhändler. Ich glaube nicht, dass die Familie irgendetwas von Kunst verstand, ob modern oder nicht. Und ich weiß nicht, wie diese aus dem Elsass stammende Familie und die erst vor einer Generation aus Bratislava immigrierten Rosenbergs miteinander in Berührung gekommen sind. Aber für meinen Urgroßvater zählte nur, dass seine Tochter einen Händler heiratete, wie er selbst es war: Statt Flaschen verkaufte er eben Rah-

men mit Leinwänden und Klecksereien darauf! Offenbar erschreckte das die Familie nicht, und im Ehevertrag erhielt meine Großmutter eine großzügige Mitgift. Ich habe immer noch
mit ihren Initialen bestickte weißleinene Tischdecken und La-
ken im Schrank, die nie benutzt worden sind und langsam zu
Staub zerfallen.

Paul machte ihr ein paar Monate lang den Hof. Meine
Großmutter war ein sehr schönes Mädchen und mein Groß-
vater sehr verliebt. Zweimal in der Woche ließ er ihr von
Moreux, einem angesehenen Floristen im vornehmen XVI.
Arrondissement, dessen Geschäft an der Place Victor-Hugo
noch bis vor Kurzem existierte, Blumen schicken.

Er redete mit meiner Großmutter, die laut Familienüber-
lieferung keinerlei Ahnung davon hatte, über Kunst.

In ihrer Jugend hatte Margot eine schöne Stimme und sang
Arien aus Opern und Operetten, die sie leidenschaftlich liebte. Sie hat mich als erste in *Die Lustige Witwe*, *Die schöne Hele-
na* und *Faust* mitgenommen und mich mit ihrer Liebe zum Ge-
sang angesteckt, sei er von Lehár, Offenbach oder Gounod.

Sie war einmal fröhlich und lustig gewesen, bevor sie später in Depressionen und Passivität verfiel. Wenn mein Vater
sich dazu hinreißen ließ, Leute zu kritisieren, die über ihr
Schicksal seufzten, womit er seine Schwiegermutter, später
auch seine Frau, meine Mutter, meinte, sagte er: »Das kommt
von der Loévi-Seite«, im Gegensatz zu seiner eigenen Mutter,
Marguerite Schwartz, die von ganz anderem, außergewöhn-
lichem Schlag war und nach der Devise lebte: »Nicht jammern,
die Zähne zusammenbeißen und durch!« Bei den Loévis biss
man angesichts von Widrigkeiten nicht die Zähne zusammen,
man jammerte viel und handelte wenig.

Für mich hingegen war Marguerite Rosenberg der Inbegriff einer liebevollen Großmutter. Nicht nur, weil jeder Spaziergang mit ihr unweigerlich beim Konditor endete. Nicht nur, weil ich mir bloß irgendein Buch oder eine Schallplatte zu wünschen brauchte, oder einen Vierfarbenkugelschreiber, von dem ich in den Sechzigerjahren monatelang träumte, um sie am nächsten Tag geschenkt zu bekommen. Sondern auch, weil sie eine mollige Frau war, an deren Busen kindlicher Kummer schnell verflog; weil sie mir alle Launen durchgehen ließ und weil ich, wenn ich bei ihr übernachten durfte, der mütterlichen Überwachung entwischte. Für mich war sie eine sehr sanfte und nette alte Dame, deren verhätschelte Enkelin ich war, wie meine Cousinen übrigens auch, die Töchter meines Onkels Alexandre, ihres geliebten Sohnes, aber da ich die älteste war, war ich im Vorteil.

Sie lebte sechs Monate in New York und sechs in Paris. Sie war sehr elegant, ging nie ungeschminkt aus dem Haus, trug Hut und Schleier – was ich geheimnisvoll fand – und lange schwarze Wildlederhandschuhe, sogar im Sommer, denn noch in den Sechzigerjahren durfte ihrer Ansicht nach eine Frau nicht mit bloßen Händen und unbedecktem Kopf ausgehen! Eine vorbildliche Dame also, die ich gerne schockierte, indem ich in unserem Gymnasiastenjargon mit ihr redete. Am liebsten beschäftigte sie sich damit, ihr Kontobuch zu führen, in ihrer großen, regelmäßigen Schrägschrift, und jeden Tag – jeden Tag! – an dasjenige ihrer Kinder zu schreiben, das sich gerade auf der anderen Seite des Atlantik befand. Wenn sie in den USA war, brachte die Post jeden Tag einen rot geränderten himmelblauen Briefumschlag, die tägliche Lektüre meiner Mutter. Viele dieser Briefe, von 1 bis 1000 nummeriert, habe ich in Schuhschachteln im Möbellager wiedergefunden. Es war eine lange Folge von … Nichtigkeiten, winzigen Beschäftigungen, ein bisschen Klagen über die Einsamkeit und Bewunderung für ihre drei Enkelinnen, die sie unsinnig verwöhnte. Das Ganze gespickt mit Auslassungspünktchen, die für ihre Seufzer und ihre Niedergeschlagenheit standen.

Sie ging abends nie aus, hatte kaum Freunde, aber Geld, das sie nicht ausgab, außer für ihre Bequemlichkeit: Zimmermädchen, Köchin, Chauffeur. Sie brauchte sie keineswegs, aber sie hatte sich an diesen Lebensstil gewöhnt. Ich weiß noch, wie sie nach dem Abendessen immer zur Köchin ging und ihr Geld für die Einkäufe am nächsten Tag gab. Solange mein Großvater noch lebte, bat sie ihn jeden Abend um ein bisschen Geld, bevor sie in die Küche ging und das Essen für den nächsten Tag bestellte, und ich sah den ohnmächtigen Zorn meines Großvaters über diese belanglosen Ausgaben. Auch wenn ich vielleicht nicht ganz verstand, wie demütigend es ist, jeden Abend den Mann mit der Brieftasche um Geld zu bitten, der ebenfalls jeden Abend schlecht gelaunt protestiert, habe ich doch begriffen, dass eine Frau versuchen muss, nicht von ihrem Mann abhängig zu sein, und dass es besser für meine Großmutter gewesen wäre, wenn sie gearbeitet hätte.

Morgens und abends betete sie in ihrem Zimmer, freitagabends ging sie in die Synagoge. Besuchte man sie überraschend am Vormittag oder am späten Nachmittag, hob sie den Kopf von ihrem Gebetbuch, entzückt über den Familienbesuch, der sie aus ihrer Einsamkeit befreite. Von der Frömmigkeit abgesehen, war meine Mutter ihr sehr ähnlich, auch sie war ihr Leben lang einsam, nach dem Tod meines Vaters kam nur ich sie täglich besuchen, oder meine Kinder nach der Schule.

Meine Großmutter aß weder Schweinefleisch noch Meeresfrüchte. Ein paar jiddische Wörter hatte sie behalten, aber Hebräisch konnte sie weder sprechen noch lesen. Sie hatte in der Synagoge in der Rue de la Victoire ihren Platz, der schon ihrer Mutter und ihrer Großmutter gehört hatte, und beglückwünschte den charmanten jungen Rabbiner, Monsieur Attia, der die Shabbatgebete so schön sang, zu seiner goldenen Stimme.

Sie war – wie auch mein Großvater – die Verkörperung jener jüdischen Familien von vor dem Krieg, die man bis in die Sechzigerjahre offiziell »israelitisch« nannte, das heißt jüdischen Glaubens, und die, ob mehr oder weniger fromm, in der französischen Gesellschaft vollkommen assimiliert waren, auch nach dem Schock der Vierzigerjahre.

So war meine im Juli 1968 verstorbene Großmutter, so habe ich sie immer beschrieben – bis April 2010. Bis ich die Kartons aus dem Lager in Gennevilliers öffnete. Seitdem kann ich die Bilder kaum noch miteinander in Einklang bringen, so widersprüchlich sind sie.

Anscheinend hatte ihr Georges Wildenstein, Pauls größter Konkurrent und zugleich Geschäftspartner, schon früh den Kopf verdreht. Wie berichtet, schlossen sie 1918 einen Vertrag, nach dem Paul Picassos Vertretung in Frankreich und Europa, Wildenstein die in Amerika übernahm. Warum diese Verbindung 1932 abbrach und Paul Picassos weltweite Vertretung übernahm, hatte ich nie erfahren. Auch nicht, warum der bloße Name Wildenstein in unserer Familie tabu war.

Und nun stolpere ich auf einmal über die Geheimnisse, die in der Familie unter dem Deckmantel des Schweigens vergraben waren. Sie sind immer noch erschütternd. Soll ich sie verschweigen? Doch es ist nichts Schändliches, auch wenn es damals gewiss sehr verletzend war. Und warum sollte ich sie denn enthüllen? Sie betreffen ja niemanden mehr, nur noch Menschen, die längst tot sind; zudem verabscheue ich die Forderung nach vollkommener Transparenz, die im besten Fall voyeuristisch, im schlimmeren immer ein bisschen totalitär ist.

Andererseits können sie zum Verständnis der Psychologie meines misstrauischen, düsteren Großvaters beitragen und die Persönlichkeit meiner passiv gewordenen Großmutter, ihren vollständigen Rückzug aus dem gesellschaftlichen Leben erklären.

Da stehe ich nun mit hängenden Armen, vertrauliche Briefe in der Hand, und betaste sie immer noch unschlüssig.

Für meine Großeltern war es ein Drama. Für ihre Kinder, meine Mutter, meinen Onkel, ein Fleck auf der Ehe ihrer Eltern, eine heimliche Schande (meine Mutter hat mir bis zu ihrem Tod 2006 nie davon erzählt). Auch eine offene Wunde, denn die Stimmung in der Rue La Boétie muss so bedrückend gewesen sein, dass meine Mutter mit fünfzehn oder sechzehn, das heißt 1932 oder 1933, eine Zeit lang zur jüngeren Schwester meiner Großmutter, Marianne Helft, und ihrer Familie kam; und Alexandre, der erst elf war, zur jüngsten Schwester meiner Großmutter, Madeleine. Familie, Bekannte, die Pariser Society, alle wussten Bescheid, und bei den Abendgesellschaften in Deauville wurde sicher über das offene Geheimnis gewitzelt.

Die Briefe in der Hand, drehe ich mich immer noch im Kreis, als wäre ich auf ein Dokument aus der Kabbala gestoßen, das mir die Finger verbrennt und mich bis ins siebte Glied verflucht, wenn ich es je wieder vergrabe.

Tatsächlich würde ich diese Geschichte gar nicht erwähnen, wenn ich in den Kartons aus dem Möbellager nicht ein herzzerreißendes Dokument gefunden hätte, das mein Großvater 1942 geschrieben hat, als sein Sohn Alexandre in der Afrika-Armee von General Leclerc diente, zwischen den Schlachten von Bir-Hakeim und El-Alamein. Paul wollte seinen Sohn besuchen, der ihm sehr fehlte. Wegen des beschwerlichen Flugs und der Gefahr, dass sein Flugzeug von den Deutschen abgeschossen würde, verzichtete er im letzten Moment auf die Reise. Aber bevor er sich dazu entschloss, hatte er in seiner gestochenen Schrift noch einen zehnseitigen Brief geschrieben, der in der Schublade eines Schreibtischs aus der 57. Straße in New York vergraben war. Der Schreibtisch zog mit ihm in die 79. Straße, aber die Schublade blieb verschlossen. Ein paar Monate nach seinem Tod, zu Beginn der Sechzigerjahre, stieß Alexandre beim Sichten der Papiere seines Vaters auf dieses Dokument, tippte es ab, damit man es besser lesen konnte, und schickte es meiner Mutter, die es erhielt, als meine Großmutter gerade zu einem ihrer Paris-Aufenthalte angekommen war. »Wenn Du diesen Brief liest, wirst Du weinen wie ich«, schrieb Alexandre seiner Schwester. »Wir haben ihn noch weniger gekannt, als wir glaubten. (…) Ich denke jedenfalls, Du wirst diesen Brief unserer Mutter zeigen müssen.« Hat meine Mutter das getan? Irgendetwas sagt mir, dass sie es nicht tat, und letztlich ist es auch besser, dass Margot in Frieden gestorben ist, 1968 in Paris, ein paar Wochen nach den Mai-Ereignissen.

Denn dieser Brief ist schmerzlich, er tut weh, und er verstört mich, als hätte ich eine Türe geöffnet, die besser verschlossen geblieben wäre. Er war für seine Frau und seinen

Sohn bestimmt, den er besuchen wollte, in dem Bewusstsein, dass er vielleicht nicht wiederkommen würde, sie sollten ihn nach seinem Tod erhalten und lesen. Es ist ein langer Rückblick auf sein Leben, das Leben, das er sich für seine Familie wünschte, und seinen Kummer, dass er die Frau, die er anbetete, nicht hatte glücklich machen können.

»Meine Jugend war nicht so glücklich wie die meiner Kinder«, beginnt er. »Aber als ich Dir begegnet bin, meine liebe Margot, hoffte ich, endlich das Glück in Händen zu halten und in Dir die Gefährtin gefunden zu haben, die ich liebte und deren Leben zu verschönern ich mich bemühen wollte.«

Er führt ihre Enttäuschung darauf zurück, dass der Erste Weltkrieg, der gleich nach ihrer Hochzeit im Juli 1914 ausbrach, sie um die sorglosen ersten Jahre einer Ehe brachte, da Paul an die Front musste. Er rechtfertigt sich lange für seine Nervosität, seine Bemühungen, sich zu etablieren, und sein Bedürfnis, Geld zu verdienen, um der Familie ein bequemes Leben zu ermöglichen. »Aber ach, je mehr ich arbeitete, je mehr Geld ich verdiente, desto mehr wurde ich ein Sklave der Geschäfte, an sie gefesselt wie Sisyphos an seinen Felsblock.«

Er hatte immer Angst vor der Zukunft und neigte von Natur aus zur Sparsamkeit. Aber er war offenbar genauso bemüht, den Geschmack seiner Frau am Luxus zu befriedigen. Sie hatte das Modell der Wildensteins vor Augen, die auf großem Fuß lebten, und das muss sie beeindruckt haben.

Dann kommen der Groll und die Eifersucht, die in den späteren Jahren noch immer präsent waren. »Ach, Du ließest mir nicht die Zeit, meinem Bauwerk ein Dach zu geben, die bösen Ratschläge einer Schlange müssen Dir ins Ohr gedrungen sein. Man hat Dich verformt, meine Handlungen lächerlich gemacht«, schreibt mein Großvater in bitterem Bibelpredigtton. »Ich habe mir viel vorzuwerfen, ich hätte mich weniger um meine Geschäfte kümmern sollen und mehr um Dich. (...) 1923 begann mein Leben zum Martyrium zu werden, ich liebte Dich mit ganzer Seele und spürte, dass Du mir entglittest. Ach, man hat Dir trügerische Versprechen für die Zukunft gemacht, um Dich besser zu umgarnen, Versprechen, die zudem nie gehalten wurden, aber Du glaubtest wirklich an sie, als ob das Glück nicht in der Ehrfurcht vor der Eintracht einer Familie bestünde.«

Pauls Familie stammte aus dem Osten und hatte sicher die Ängste der Juden Mitteleuropas mitgebracht. Seine Frau, aus einer seit Langem in Frankreich integrierten Familie und deshalb unbeschwerter und leichtsinniger, brauchte Liebe und bekam meist nur Geld. Wie konnte man 1930 noch annehmen, dass einer Frau »die Ehrfurcht vor der Eintracht einer Familie« genügte? Auf der anderen Seite lockte sie ein Verehrer mit dem schönen Leben und dem Flitter einer Gesellschaft, die, wie man weiß, in dieser Zwischenkriegszeit bis an den Rand des Abgrunds tanzte. Doch Paul mit seinem düsteren, pessimistischen Naturell war schon dort.

»Du warst schön, bei anderen amüsant, von vielen Männern umschwärmt und begehrt, doch während Du glaubtest, Dein Glück zu bauen, hast Du uns beide ins Unglück gestürzt. (...) Deine Sarkasmen, als Du Dich auf Deinen sogenannten Beschützer stütztest, den mein geliebter Sohn, hoffe ich, eines Tages zur Rechenschaft ziehen wird, Deine Art, mir zu antworten ›zu spät‹, wenn ich Dir meine Liebe erklärte, haben meinen Charakter verdüstert, und ich musste wieder und wieder Trost und Vergessen in der Arbeit suchen.«

Meine Großmutter langweilte sich. Vielleicht war sie auch frivol, empfänglich für Luxus und den schönen Schein. Das dachte zumindest mein Großvater.

»Ich schreibe Dir das alles kurz vor meiner Abreise, damit Du erfährst, meine liebe Margot, dass Du aus Ehrgeiz, aus dem Wunsch zu scheinen, zu besitzen nach Reichtum strebtest. Was mich angeht, habe ich immer nur den Wunsch gehabt, Euch glücklich zu machen, die Kinder und Dich, und Euch bei mir eine Sicherheit zu verschaffen, die Euch alle unabhängig macht. Ja, Margot, ich kann es Dir jetzt nicht mehr vorwerfen, die Zeit heilt alle Wunden, aber die meine blutet immer noch um das verlorene Glück. Damit Dein Herz nicht allzu sehr schmerzt, damit die Reue nach meinem Tod Dich nicht zu sehr betrübt, nehme ich gern einen Teil der Verantwortung auf mich. Mein Charakter, ich gebe es zu, ist unbeugsam, und ich wäre sehr froh gewesen, wenn ich in Dir einen weniger skeptischen, tiefgründigeren Menschen gefunden hätte, mit dem ich Gedanken hätte austauschen, meine Bestrebungen hätte teilen und über anderes als Nichtigkeiten hätte plaudern können. Auch wenn Du im Grunde gutherzig bist, sind doch Dein Geist und Dein Auffassungsvermögen mit einem ernsthaften, liebenden und hingebungsvollen Mann kaum vereinbar.«

Anklagend. Strenge kann einem Scheuklappen aufsetzen. Jedenfalls glaube und hoffe ich, dass meine Großmutter nie von diesem Brief erfahren hat.

Sie wollte die Scheidung, mein Großvater verweigerte sie. Ihre Ehe war gesetzlich eine Zugewinngemeinschaft, und Liebe und Zorn waren wohl nicht der einzige Grund für seine Weigerung. Fest steht, dass Margot von dem Moment an, als sie auf ihr Leben als Geliebte verzichtete und ihre Bedürfnisse als Frau opferte, Paul dafür teuer bezahlen ließ, indem sie sich ganz aus dem gesellschaftlichen Leben zurückzog und die Aufgaben nicht mehr erfüllte, die die Frau eines großen Pariser Händlers in den Augen meines Großvaters hatte.

Sechzig Jahre danach taucht der Name Wildenstein in den Zeitungen auf. Zerstreut lese ich den Klatsch, bei dem man nie sicher sein kann, ob er stimmt oder nicht, über Erbschaftsprozesse, zweifelhafte Expertisen und Ermittlungen der Steuerbehörden. Die Franzosen mögen große Vermögen nicht, und das dieser Kunsthändlerfamilie, deren Geschäfte weiter florierten, gehört sicher dazu. Vielleicht sind das alles nur Gehässigkeiten.

Doch dann fällt mir eine Affäre vor etwa zehn Jahren wieder ein. Damals erhob die Familie Wildenstein gegen Hector Feliciano* eine Verleumdungsklage, weil er behauptete, Georges Wildenstein, der vermutliche Liebhaber meiner Großmutter, habe geheime Abkommen mit den Nazis geschlossen. Nun, nachdem ich gerade diese private Geschichte entdeckt habe, mache ich mich auf die Suche nach den Einzelheiten.

Der Prozess fand 1999 statt. Die Familie Wildenstein hatte sich damals empört: »Was gibt es Schrecklicheres für eine jüdische Familie, als des Verrats an Frankreich und an ihren Glaubensgenossen beschuldigt zu werden, das heißt, geheime Absprachen mit den deutschen Besatzern getroffen zu haben! (…) Bei den Wildensteins ist die Liebe zu Frankreich so groß,

---

* Der Autor von *Le Musée disparu*

dass sie nicht einmal heute deutsche Autos kaufen!«, erklärte ihr Anwalt, Maître Chartier. Ein drolliges Argument, das sechzig Jahre deutsch-französischer Versöhnung überspringt und den Deutschen eine Vergangenheit vorhält, zu deren Überwindung sie viel getan haben. Für mich jedenfalls sind die eventuellen Komplizenschaften von gestern weit schwerwiegender als die deutschen Automobile von heute.

Die Galerie Georges Wildenstein wurde während des Krieges von einem gewissen Roger Dequoy geführt, einem seiner Mitarbeiter. Ab hier widersprechen sich die Aussagen. Den Wildensteins zufolge hatte Georges jede Verbindung zu seinem früheren Mitarbeiter abgebrochen, der ihn sogar in Schreiben an das Kommissariat für Judenfragen beschimpft habe. Die Vorwürfe Felicianos konnten also nur falsche und verletzende Behauptungen sein.

Dem Anwalt Felicianos, Antoine Comte, zufolge soll Dequoy dagegen der Vermittler zwischen Wildenstein und den deutschen Behörden gewesen sein. Als Beweis führte er ein Treffen von Wildenstein, Dequoy und Karl Haberstock* im November 1940 in Aix-en-Provence an. Dort sei eine Übereinkunft getroffen worden: Georges Wildenstein erhielt einen Teil seines konfiszierten Vermögens zurück und konnte die Galerie unter Dequoys Namen wieder eröffnen, der sich im Gegenzug bereit erklärte, für die Nazis zu arbeiten. Eine schwere Beschuldigung, die sich jedoch dem Anwalt zufolge auf 1998 freigegebene Akten des (1945 aufgelösten) Office of Strategic Services stützte, die einen 1945 verfassten Sonderbericht über die Galerie Wildenstein enthielten. Sowohl die

---

* Haberstock war Hitlers Kunsthändler, vgl. S. 30 in diesem Buch.

Übereinkunft zwischen Wildenstein, Dequoy und Haberstock als auch der OSS-Bericht werden in Lynn Nicholas' Buch *Der Raub der Europa* bestätigt*.

In erster Instanz wurde die Klage der Enkel Georges Wildensteins, Alec und Guy, auf sechs Millionen Francs Schadensersatz wegen Rufschädigung ihres Großvaters abgewiesen.

»Das Berufungsgericht«, schrieb *Libération*, »räumt zwar ein, dass es nicht in seiner Macht stehe, ›in dieser Kontroverse eine endgültige Entscheidung zu fällen‹, kommt jedoch zu dem Schluss, dass man Georges Wildenstein mit gutem Grund als eine jener Persönlichkeiten bezeichnen kann, die ›die Zweideutigkeit‹ kultivieren. Er sei zwar ›Opfer des Raubs der Besatzer‹ gewesen, habe aber ›parallel dazu‹ unter der Besatzung ›durch einen Mittelsmann Geschäfte auf dem Pariser Kunstmarkt getätigt‹.

Nach Meinung des Gerichts kann die Behauptung von ›Kontakten Georges Wildensteins mit den Nazis nicht als offensichtlich falsch eingestuft werden‹, wohingegen feststeht, dass ›dieser vor dem Krieg in geschäftlichen Beziehungen zu Karl Haberstock stand, der als einer der künstlerischen Ratgeber des Führers und führende Nazi-Persönlichkeit bekannt ist‹. Während der Besatzung protegierte Haberstock Roger Dequoy (…), der damals die Pariser Galerie leitete und ›bei dem man sich vorstellen kann, dass er seine Beziehungen zu Georges Wildenstein aufrechterhielt‹, der damals als Flüchtling in New

---

* »Haberstock und Dequoy fuhren nach Aix, wo [Wildenstein] sich aufhielt, und trafen einige Übereinkünfte mit ihm. Der Vorschlag war: Wildenstein sollte ›akzeptable‹ Bilder aus seinem Lager gegen für die Nazis inakzeptable moderne Werke eintauschen, die Haberstock ihm in die USA schicken wollte und die Wildenstein in seiner New Yorker Galerie zum Verkauf anbieten sollte.« Lynn Nicholas, *Der Raub der Europa*, op. cit.

York lebte. All diese ›Tatsachen lassen die Annahme zu‹, dass der berühmte Kunsthändler, auch wenn Teile seiner Sammlung von den Deutschen geraubt worden sind, ›weiter in Geschäftsverbindungen mit den Besatzern stand‹.«[*]

Gegen dieses, milde ausgedrückt, unfreundliche Urteil stellten die Wildensteins einen Revisionsantrag. Er führte zu einer weiteren Enttäuschung: Das Gericht erklärte, die Klagefrist sei abgelaufen, die Wildensteins hätten ihre Klage vor Ablauf von drei Monaten nach Erscheinen des Buchs *Le Musée disparu* einreichen müssen.

Kurz, die verwirrende Affäre, über die ich mich hüten werde mehr zu sagen, als was die Justiz festgestellt hat, wirft einen undurchsichtigen Schleier über die Liebesgeschichte meiner Großmutter.

Hat diese Beziehung lange gedauert? Die Regeln haben sich seither geändert, und niemand würde sie heute verdammen. Aber was war dieser Mann wirklich, der sich zwischen meine Großeltern schob? Ein hartnäckiger Verehrer oder ein Rivale, der entzückt war, seinen Konkurrenten aus der Fassung zu bringen? War dieser Mann es wert, dass sie sich in ihn vernarrte? Ich weiß es nicht.

Und wer war meine Großmutter wirklich? Eine heißblütige Frau, die sich nach Liebe sehnte, oder eine vom schönen Schein faszinierte Snobistin? Mein Großvater war – in dem Sinn, den dieses Wort früher hatte – ein guter Ehemann, aber wenig begeisternd. Meine Großmutter wollte das sorglose Leben der Zwischenkriegsjahre auskosten, sie war mit Sicherheit genussfreudiger als ihr Mann und liebte den Glanz. Sie wollte

[*] Artikel von Vincent Noce, »L'Histoire contre Wildenstein«, *Libération* vom 13. Mai 2000

tanzen, sich amüsieren, geliebt werden. Er dagegen hatte nur zum Arbeiten Lust. Der klassische Fall der romantischen Emma mit ihrem schwerfälligen Charles Bovary?

Aber mein Großvater war weder ein Langweiler noch ein durchschnittlicher kleiner Beamter, sondern ein wacher, für Neuerungen offener Geist. Vielleicht hätte es ja genügt, wenn er sich einen Moment von seinen Picassos losgerissen und den reizenden, wohlgerundeten Renoir entdeckt hätte, der in seinem Bett lag.

PI-AR-ENCO

NEW YORK, DIE STADT, in der die Familie einst Zuflucht gefunden hat, und außerdem mein Geburtsort. Das Familienarchiv befindet sich noch in der 79. Straße, in dem vierstöckigen Gebäude, das Sitz der letzten Galerie Rosenberg war.

Als mein Großvater im Herbst 1940 mit Frau und Tochter ankam, wohnte er zuerst weiter im Zentrum, in der 57. Straße, wo er 1941 seine Galerie eröffnete, und zog erst dreizehn Jahre später um. Ich erinnere mich kaum an die 57. Straße. Paul hatte diese Stadtvilla gemietet – sie gehörte der Königin von England, die über einen beträchtlichen Immobilienbesitz in Manhattan verfügt –, aber er war das alte Haus bald leid, und zudem wollte er in seinen eigenen vier Wänden leben.

So kaufte er von Chester Dale, einem seiner besten Kunden und berühmten Sammler, das Haus in der 79. Straße, zwischen der Madison und Fifth Avenue, und nach langen Renovierungsarbeiten zog die Familie 1953 ein. Paul war einundsiebzig und hatte nur noch sechs Jahre zu leben. Er überließ die Leitung der Galerie mehr und mehr meinem Onkel Alexandre, der sein Nachfolger wurde.

Das wohlhabende Viertel in der Upper East Side, langweilig, aber chic – seither von der lebendigeren Lower East Side abgelöst –, war in den Fünfzigerjahren geschäftlich keine schlechte Wahl. Als mein Großvater sich dort niederließ, kam die Gegend unter den Galeristen in Mode, und nach und nach zogen alle Konkurrenten und Auktionshäuser, die wie er in »Midtown« residiert hatten, in die Nähe seiner neuen Adresse.

Paul Rosenberg and Company stand draußen auf dem Schild, PR & Co. In meinen Kinderohren klang das wie »Pi-ar-enco«, und ich fragte mich immer, wer die Person mit diesem komischen Namen wohl war, die mit uns zusammenwohnte.

Ich habe dort so viele Weihnachten verbracht, dass New York bis vor Kurzem für mich einen betörenden Duft hatte. Meine Eltern und ich sind schon vor langer Zeit nach Frankreich zurückgekehrt, aber ich habe das Haus in der 79. Straße mit seinen vertrauten Ecken und Winkeln immer geliebt. Es gehört jetzt meiner Tante Elaine, der Witwe von Alexandre.

Zu beiden Seiten der Treppe standen einst Rodin-Skulpturen, *Der Denker* und *Das eherne Zeitalter*. Aber der schwarzweiße Schachbrettboden in der Eingangshalle – fast der gleiche wie in der Rue La Boétie – ist immer noch da, auch die Ausstellungsräume, in die ich als Kind nicht hineindurfte, und der Fahrstuhl mit seiner Metallschiebetür, in den Fünfzigerjahren der letzte Schrei, heute fast eine Antiquität, dessen Geräusche und rüttelndes Abbremsen auf jedem Stockwerk ich immer noch in- und auswendig kenne. Die Stockwerke werden auf amerikanische Art gezählt, ohne Erdgeschoss; wenn man in den ersten Stock wollte, drückte man auf den Knopf mit der Ziffer 2. Meine Großeltern wohnten im zweiten Stock, ich sollte also die 3 drücken, aber ich stieg manchmal schon im ersten aus, in der Hoffnung, jene »Kunden« zu sehen, von denen mein Großvater in so bedeutungsvollem Ton sprach, und ich verstand nicht, warum sie beeindruckender sein sollten als die in der Apotheke Zitomer an der Ecke zur 78. Straße.

Meine Großeltern hatten ein gemeinsames Schlafzimmer, aber mit getrennten Betten und Badezimmern, was mich immer verblüfft hat. Der Fernseher stand in ihrem Schlafzimmer, und dort sah ich meine ersten Western, die echten, mit Cowboys, Indianern, im Kreis aufgestellten Planwagen und brennenden Pfeilen. Auch die ersten Fernsehshows, die Frauen in weiten New-Look-Röcken und Twinsets mit rundem Ausschnitt. Selten waren sie Moderatorinnen und nie Journalistinnen, sondern sie machten die heute herrlich altmodische Reklame für die hellblau oder rosa lackierten amerikanischen Straßenkreuzer, die Detroits Reichtum und später sein Ruin waren und die man heute nur noch in Kuba findet: Das ewige »In my Chevrolet / in the USA« aus den Fünfzigerjahren klingt mir jetzt noch in den Ohren.

New York, das war Schnee, Schlittenfahren im Central Park, minus zwanzig Grad im Dezember und der Zauber der Weihnachtsmänner, die vor Bloomingdale's, den New Yorker Galeries Lafayette, ihre Glöckchen schwangen, um die Kundschaft anzulocken. New York, das waren die vor Schlagsahne überquellenden »chocolate sundaes« in modernen Bars mit roten Skailederbänken, meine ersten Zeichentrickfilme von Walt Disney und Berge von traumhaftem Spielzeug bei FAO-Schwarz in der 58. Straße, an der Ecke Fifth Avenue und Central Park, um die der eisigste Wind von New York pfeift, aber wo uns Kindern schnell wieder warm wurde beim Anblick der riesigen Plüschtiere, die niemand kaufte, aber die uns ins Träumen brachten.

New York, das war vor allem einen Monat lang schulfrei.

Aber mit Mathenachhilfestunden von meiner Mutter, die mir angesichts meiner Unfähigkeit, die Berechnung von Flächen zu verstehen, schließlich Papier und Bleistifte an den Kopf warf und prophezeite, ich würde es nie im Leben zu irgendetwas bringen. Jene Bleistifte, mit denen die Amerikaner auf linierte gelbe Blocks schreiben – die *Legal Pads* aus der Serie *Mad Man* –, deren Papier im Vergleich zu dem Glanzpapier meiner Pariser Schulhefte von miserabler Qualität ist. Noch fünfzig Jahre später sehe ich im Fernsehen Obamas Berater aus dem West Wing kommen, mit denselben Blocks und dem unvermeidlichen gespitzten Bleistift in der Hand und ganz ahnungslos, wie der die Backen eines Kindes, das eine Null in Mathe ist, zerkratzen kann!

Das ist die nostalgische Seite der USA, wo die Geschäfte immer noch eher die alten Holztüren mit den runden, vergoldeten Türknäufen haben als jene großen Glastüren, die sich am Eingang auch der kleinsten französischen Apotheke automatisch öffnen.

New York, das waren schließlich die endlosen Diskussionen zwischen meinen Eltern und Großeltern über Frankreich, das »im Niedergang« war, auch wenn die Nachrichten aus der instabilen IV. Republik nur wie gedämpft hier ankamen. Politik? Natürlich wurde darüber geredet. Als ich klein war, kam sie mir wie ein geheimnisvolles, ernsthaftes Universum der Großen vor, in das ich das unerhörte Glück hatte eingeweiht zu werden.

Schon sehr früh wollte ich das »große Mädchen« spielen, wenn ich etwas nicht verstand. Noch bevor ich zwei Jahre alt war, äffte ich meine Eltern nach und tat, als läse ich die *New York Times*, auch wenn ich sie verkehrt herum hielt. Mit vier

Jahren setzte ich ein konzentriertes Gesicht auf, wenn mein Vater mich rief, um mit mir über »ernsthafte Dinge« zu reden, wie er sagte. Das war zu der Zeit, als die Regierungen fast monatlich stürzten. Mein Vater wandte sich dann oft an mich: »Anne, die Lage ist ernst, das Kabinett ist gestürzt.« »Oh!«, sagte ich, vom Schrecken dieser apokalyptischen Vision durchdrungen, die das für ein kleines Mädchen darstellen mochte. »Wir müssen etwas tun«, fuhr mein Vater fort und verkniff sich das Lachen, »ich nehme das Außenministerium.« »Und ich den Zug«, antwortete ich unweigerlich, obwohl ich kein Wort verstand, aber voller Entzücken, dass mein vergötterter Vater mich als ernsthafte Gesprächspartnerin betrachtete.

Mein Großvater lachte dann schallend, und ich war sehr stolz, meine Umgebung zum Lachen zu bringen, ohne zu begreifen, was an meiner Antwort so lustig war. Die ersten Schritte in politischen Diskussionen habe ich also in der 79. Straße gemacht! Sie war für mich damals gleichbedeutend mit Glück, Verwöhntwerden und Ferien. In den ersten Jahren fuhren meine Eltern und ich mit dem Schiff dorthin, das hieß vier oder fünf Tage Seekrankheit, später dann, bevor die ersten Boeings flogen, in der Super-Constellation, diesen Großraumflugzeugen, die im irischen Shannon und in Gander auf Neufundland zwischenlandeten.

Stolz trug ich das Abzeichen am Mantel, das der Cours Hattemer, die Schule, in die ich ging, den Klassenbesten jedes Trimesters verlieh. Sie war absolut lächerlich, diese kleine Kopie des Ordens der Ehrenlegion, aber die Leute im Bus fragten meine Mutter immer, mit was für einer Glanzleistung ich mir diese Auszeichnung verdient hätte, die sonst nur für Tapferkeit auf dem Schlachtfeld verliehen wird.

Mein Großvater ging wenig aus, denn er war anfällig, und die New Yorker Winter sind hart. In seinen letzten Jahren war er auch durch einen Schlaganfall geschwächt, der nicht seinen Verstand, aber sein Sprachvermögen geschädigt hatte. Er konnte nur noch mühsam sprechen. Seine stockende Stimme und sein arthritisch verkrümmter kleiner Finger machten mir Angst.

Im milderen Pariser Klima hingegen ging er gern an die frische Luft und nahm mich oft zu seinen Galeriebesuchen mit, es machte ihm Vergnügen, seine sieben- oder achtjährige Enkelin wie eine Erwachsene zu behandeln. Wir besuchten seine Pariser Kollegen, ein eher langweiliger Spaziergang für mich, aber er endete zum Glück immer im »Relais du Bois« im Bois de Boulogne, wo wir stumm, um die Eichhörnchen nicht zu erschrecken, frisch gepressten Orangensaft tranken.

Eines Tages nahm er mich mit zu Paul Pétridès, der eine bekannte Galerie, wegen seiner Kollaboration im Zweiten Weltkrieg jedoch einen schlechten Ruf hatte. Auf dem Rückweg im Auto brummelte Paul vor sich hin: »Dieser Mann ist ein Fasan«, ein merkwürdiger Ausdruck, wie mir schien. Als wir zu Hause ankamen, berichtete ich unter dem Gelächter der Familie sofort von diesem »Jägerausdruck« – der freilich sehr sprechend ist, denn dieses Wild wird immer leicht verdorben gegessen.*

Er hatte ein sicheres Auge, und wenn er bei dem oder jenem Kollegen ein Bild gesehen hatte, das ihn interessierte, überlegte er auf der Fahrt in den Bois de Boulogne lange hin

---

* »faisan« heißt im Französischen nicht nur Fasan – dessen Fleisch vor dem Braten sehr lange abhängen muss –, sondern auch Gauner, Betrüger. (A.d.Ü.)

und her, bis er schließlich – oft genug – zu dem apodiktischen Schluss kam: »Das Bild ist eine Fälschung!«

Jeden Sommer fuhr ich mit meinen Großeltern nach Südfrankreich, auf der von herrlichen, für Autofahrer aber oft tödlichen Platanen gesäumten Nationalstraße 7. Die A6 existierte noch nicht, und wir brauchten drei Tage bis Cannes. Die Etappen unterwegs waren unverrückbar Saint-Etienne am ersten und Avignon und Aix am zweiten Tag, bevor wir am dritten schließlich am Ufer des unendlichen Blau ankamen, wo man innerhalb von zwei Tagen unbedingt in die Galerie Maeght in Saint-Paul-de-Vence und vor allem nach Mougins zu Picasso musste.

Bei den Museumsbesuchen mit meinem Großvater (im Louvre, in kleinen Etappen, in der Orangerie und im Musée d'Art moderne, das sich vor dem Bau des Beaubourg im Palais de Tokyo befand) habe ich gelernt, was der Mühe wert und was »gar nichts wert« ist, nicht einmal einen Blick. Die Bedeutung der Werke war an der Schnelligkeit zu ermessen, mit der Paul durch einen Raum ging. Die Flamen natürlich, das italienische Quattrocento unbedingt, aber das französische und englische 17. und 18. Jahrhundert waren keinen Halt wert. Die Gainsboroughs, deren würdevolle Familien mich beeindruckten, würdigte Paul keines Blicks. Erst bei Corot – endlich –, Courbet und natürlich den Impressionisten lebte er wieder auf. Vor einigen Bildern von Malern, die gerade in Mode waren – zum Beispiel Bernard Buffet, den er verabscheute –, gönnte sich Paul den Luxus zu sagen, sie seien »keinen Pfifferling wert«. Manche wurden kurzerhand für hässlich erklärt, ohne Genie, ja ganz ohne Talent. Unbedeutendere Bilder von Renoir, Gauguin oder Monet erklärte er für zu rot oder zu dunkel, zu unbestimmt oder zu weich, ihnen fehle die Meisterschaft oder die Kraft. Diese Urteile haben für mich auch fünfzig Jahre später noch Gesetzeskraft. »Man soll sich nicht die Augen verderben«, sagte mein Großvater bei Werken, die nicht außergewöhnlich waren. Bei den Modernen, Braque, Matisse, Léger und Picasso, war er dann endlich in seiner Welt.

Aber dieses süße Leben gab es nur in Paris. In New York war es anders, mein Großvater arbeitete, und ich durchstreifte mit meiner Mutter und Großmutter die Stadt – als Kind war das für mich das Paradies.

In diesem Winter 2010/2011 hatte ich es daher eilig, nach New York in die 79. Straße zu kommen, ich kam mit dem Zug aus Washington. Hier befindet sich das Archiv, treu gehütet von meiner Tante Elaine, Pauls Schwiegertochter, die ihn verehrt. Sie hat es zusammengetragen und mithilfe einer Dokumentalistin des MoMA geordnet, dem sie das Archiv zu schenken gedenkt.

Tagelang habe ich dort die Nase in die verstaubten Akten gesteckt. Ein altmodischer Tisch in einem sechs Quadratmeter großen, fensterlosen Kämmerchen – ich bin sicher, dort fanden meine qualvollen Mathenachhilfestunden statt – mit verglaster Decke, wenig Licht und altem Linoleum auf dem Fußboden, in dem Stockwerk, in dem meine Eltern und ich bei unseren New-York-Besuchen wohnten.

Auf der Treppe, die aus der Wohnung meiner Tante dorthin führt, habe ich mich als Kind versteckt. Oft, wenn ich nicht schlafen konnte, habe ich mich heimlich in einer Ecke auf die Stufen gesetzt und zu hören versucht, was bei den Erwachsenen unten gesprochen wurde. Auch weil ich die Musik hören wollte, die mein Onkel liebte. Auf einer Treppenstufe, zitternd in meinem Pyjama, erlebte ich meine ersten Barock-konzerte. Ich weiß noch, wie ich entdeckte, dass Bizet das Thema seiner Musik zu Daudets *L'Arlésienne* offenbar von Delalande entliehen hat, und ich, die ich in meinen ersten Jahren meine Großmutter *Carmen*-Arien hatte trällern hören, empfand das als gigantischen Betrug ...

Immer noch die 79. Straße. Meine Tante fragt sich, woher meine plötzliche Leidenschaft für meinen Großvater und die Familiengeschichte kommt, um die ich mich bisher kaum gekümmert hatte. Sie und meine Mutter, ihre Schwägerin, mochten sich nicht besonders und haben sich nie verstanden. Mama hatte ein so enges Verhältnis zu ihrem Bruder, dass meine Tante sich ausgeschlossen fühlte, umso mehr, als Alexandre sich sogar auf Kosten seiner eigenen Familie um meine Mutter kümmerte, sehr zärtlich, aber auch sehr ungerecht. Später, als ich gewisse Papiere entdeckte, wurde mir klar, dass er seinem Vater geschworen hatte, Micheline immer zu beschützen. Rechtfertigte das so viel Rücksicht auf seine Schwester, mehr als für seine Frau? Es ist nicht an mir, darüber zu urteilen, aber meine Tante – die aus den Geschäften von Pi-ar-enco herausgehalten wurde, über die mein Onkel meiner Mutter getreulich berichtete – litt sehr darunter.

Kurz, meine 89-jährige Tante Elaine, die noch gut zu Fuß ist und gute Augen hat, überwacht mich aufmerksam, schaut mir über die Schulter, welche Dokumente ich gerade lese, zu welchen ich mir Notizen mache. Soll ich ihr sagen, dass ich auf gut Glück herumstöbere? Ja, es stimmt ja auch. Ihr erklären, dass auch ich gewisse Rechte auf diese Dokumente habe? Unnötig kleinlich, da sie jedes Fetzchen Papier zur Galerie Rosenberg gesammelt und einsortiert hat. Mich über das Verschweigen des Privatlebens meiner Großeltern wundern, das, wie ich nun weiß, turbulenter war, als die Legende will? Sie würde es nicht verstehen und sich schützend vor sie stellen. Also forsche ich weiter, so gut ich kann.

Fotos von allen Ausstellungen in der Rue La Boétie vor dem Krieg. Weinrechnungen aus dem Jahr 1928. Briefe an den Direktor des MoMa vor und nach dem Krieg. Von meinem Großvater selbst geschriebene Papiere, der Anfang einer Autobiografie, die nur bis Seite zehn geht. Knappe Briefe an unbekannte Maler, die von Paul vertreten werden möchten. Eine Rahmenrechnung aus den Zwanzigerjahren. Und vor allem Telegramme und Briefe aus dem Jahr 1942, die zeigen, wie wenig die Flüchtlinge über die Vorgänge im besetzten Frankreich wussten. Auch Dokumente auf Russisch, denn die 1940 in Paris von den Deutschen geraubten Unterlagen der Galerie sind 1945 in Berlin von den Russen gestohlen und in großen, kyrillisch beschrifteten Schachteln sorgfältig geordnet worden. Wir haben sie erst vor ein paar Jahren zurückerhalten, dank der Hartnäckigkeit meiner Cousine Elisabeth und der Glasnost-Politik der russischen Behörden, die sie der französischen Regierung aushändigten, die wiederum so korrekt war, sie uns zurückzugeben …

Die Ausbeute dieser Konsultation des Familienarchivs in der 79. Straße verleiht dem Bild vom zweiten Leben meines Großvaters – nach dem Bruch der Vierzigerjahre – und seinen letzten Lebensjahren Kontur und Farbe.

Es war nicht nur ein Bruch, sondern auch die langsame Gewöhnung an den amerikanischen Kontinent, den er schon zwanzig Jahre zuvor mit Begeisterung erkundet hatte.

PAUL UND AMERIKA

PAUL UND AMERIKA, das war in der Tat schon eine lange Geschichte. Er kannte das Land gut, weil er schon sehr früh versucht hatte, sich dort für die Kunst einzusetzen, die ihm am Herzen lag. In den Zwanzigerjahren stand er in Korrespondenz mit John Quinn, einem amerikanischen Anwalt und Sammler, der ihm begreiflich zu machen versuchte, es sei noch zu früh: »Schon vor fünf oder sechs Jahren hat Knoedler eine Cézanne-Ausstellung gemacht, und die Leute haben gelacht, was sie heute nicht mehr täten, aber vor fünf oder sechs Jahren war das eben so.«* Im Mai 1922 versuchte er Paul zu überzeugen, dass »weder Knoedler noch Gimpel, noch Wildenstein oder Durand-Ruel Picasso zeigen werden, weil ihre Kunden für diese Malerei noch nicht offen sind. Die Händler glauben nicht an die moderne Kunst.«

Aber Paul blieb hartnäckig. Im selben Jahr 1922 war er in Chicago. Von New York bis ... Kansas City (!) predigte Paul die zeitgenössische Kunst und war trotz der geringen Begeisterung des amerikanischen Publikums begierig darauf, die ihm teuren Matisses, Picassos und Braques in der Neuen Welt zu zeigen, die sie nicht verstand.

Am 23. November 1923 organisierte Paul – wahrscheinlich

---

* Wenn nicht anders vermerkt, stammen alle Zitate in diesem Kapitel aus Unterlagen im Familienarchiv.

in der Galerie von Georges Wildenstein, mit dem zusammen er damals Picasso vertrat – die erste Ausstellung des spanischen Malers in New York. Er schrieb an Picasso: »Ihre Ausstellung ist ein großer Erfolg, und wie bei allen Erfolgen verkaufen wir absolut nichts! Man muss verrückt sein wie ich, oder erleuchtet wie ich, um etwas Derartiges zu unternehmen.«*

Er zeigt sich kritisch gegenüber Amerika. Im November 1923 schrieb er Picasso: »Hier herrscht Ordnung, aber die europäische Ungezwungenheit fehlt. Das Goldene Kalb steht noch; das einzige, was hier zählt, ist der Geldadel. Alles ist kolossal, selbst die Museen. Der schlechteste Maler bei uns ist hier der beste. (…) Sie haben hier eine Sammlung von Rembrandts wie ich eine von Picassos, eine ganz unvorstellbare Zahl. Jedes Haus, das auf sich hält, hat seinen Rembrandt oder seinen Tizian. (…) Ich habe Ihre Bilder bekommen, sie sind herrlich, aber ich fürchte, man mag sie hier nicht. Ich rechne mit vielen Leuten, das heißt, mit drei Besuchern pro Tag! (…) Wenn das Heimweh mich packt, spreche ich mit meinen Bildern, darunter die Ihren. Ach, mein geliebtes Paris, nur dort kann man leben.«

Ein paar Wochen darauf stimmte das brodelnde Leben New Yorks ihn milder: »Es gefällt mir besser: Hier spürt man Willensstärke und Kraft«, aber über den Geschmack der Amerikaner spottete er immer noch: »Ihre Ausstellung ist ein großer Achtungserfolg. Aber wo man in Paris erdrückt worden wäre, sind hier wenige Besucher. Bei sechs Millionen Einwohnern sechzig Besucher pro Tag! (…) Dabei steht es in allen Zeitungen, was brauchen die Käufer denn noch? Der Neue Kontinent geht nicht zur Neuen Malerei, das heißt zu der Kunst,

* Alle Briefe Paul Rosenbergs an Picasso, auch die aus Amerika, stammen aus dem Archiv im Musée Picasso.

160

die ihrem Wesen nach über der Zeit steht. Er hängt an der Malerei der Vergangenheit, das heißt an Konventionen.«

Von einer anderen Amerikareise schrieb er 1934 nach wie vor skeptisch an Picasso: »Die Bonnard-Ausstellung hat hier gar keinen Erfolg gehabt. Das ist zu subtil für sie. Zu viel Geschmack. Zu viel Geschmack und zu wenig Formen!« Auch im ersten Kriegsjahr, als die Korrespondenz mit Europa noch funktionierte, war er noch streng und kritisierte die Bürger der Neuen Welt. Als er im *Life Magazine* die Porträts von Matisse und anderen französischen Künstlern sah, schrieb er an Matisse: »Reichlich spät, denn die, die hier dargestellt werden, sind seit über dreißig Jahren in der ganzen Welt anerkannt! Aber besser spät …«

Doch kehren wir zum Anfang der Dreißigerjahre zurück. 1934 beschloss Paul, in New York eine Ausstellung mit den drei Großen, Braque, Matisse und Picasso, zu veranstalten. An Letzteren schrieb er: »Diese Ausstellung wird viel Gutes bewirken, denn sie wird dem Publikum die neue Ausdrucksweise von Malern vor Augen führen, von denen es schon gehört, aber noch nie etwas gesehen hat. Die Reaktion ist geteilt, alle bleiben lange, es quält sie, dass sie nichts verstehen. (…) Meine vorige Ausstellung, die von Ingres bis Cézanne reichte, war eine Pracht, aber eine unnötige Wiederholung. Das war Vergangenheit, und es lag kein Verdienst darin, Werke aus der Zeit von 1814 bis 1910 zu bewundern, die Zeit gehabt hatten, sich ihren Weg in die Köpfe der Menschen zu bahnen. Aber diese hier repräsentiert unsere Zeit, über dreiunddreißig Jahre unseres Lebens. Da sie die erste ihrer Art ist, ist sie vollkommen jungfräulich, sie hat wohl die Wirkung, die die Impressionisten damals hatten.«

Wie in Paris kümmerte er sich persönlich um die kleinsten Details und schickte Picasso Pläne von der Hängung und dem Platz, den er für jedes Bild vorsah. »Packende Wirkung der Kraft [Ihrer Bilder]. Ich musste sie durch zwei Braques ausbalancieren!« Man könnte diesen Satz für Liebedienerei halten, aber er ist aufrichtig. Paul urteilte streng über die einzelnen Werke selbst von ihm anerkannter Genies. »Der einzige Schwachpunkt ist Matisse«, fuhr er fort, »er hält nicht stand. Er wirkt schwach und fällt ab zwischen Ihnen beiden [Braque und Picasso]. Er hat die Formen und Volumina vergessen. Die Farbe tritt zu sehr in den Vordergrund, und man hat den Eindruck, dass man noch mehr Farbschichten hinzufügen und selbst die Wände bemalen könnte. Es wirkt wie angemalte Leinwand, während man bei Ihnen den Eindruck kolorierter Skulpturen hat.« Die Formulierung ist hübsch und grausam. Ich finde sie sehr ungerecht, denn das Licht, das Matisses Bilder durchflutet, verwandelt sie in unvergleichliche blaue oder gelbe Meisterwerke. Es stimmt, dass Paul die Bilder von Matisse, die zugänglicher sind als die der großen Abstrakten, weniger innovativ fand. Aber zwischen einem Maler und seinem Händler herrscht nicht immer Zärtlichkeit, wie wir gesehen haben.*

Im selben Brief schrieb er ärgerlich von einer anderen Ausstellung in New York – offenbar von Malern, die er nicht vertrat –, die ein Publikumserfolg war, »mit 2000 dummen Bildern, die die groteskesten Parodien sind. Das müssen die Leute doch merken! Aber ich wage mich zu weit vor, unter den Lebenden werden immer Dummheit und Böswilligkeit vor-

---

* Vgl. die Korrespondenz mit Matisse im Kapitel »Châteaudun, Opéra und Madison Avenue«, S. 102.

herrschen, und wir werden wohl beide schon im Sarg liegen, wenn die Nachkommen derselben Leute diese Kunst glorifizieren und dafür die der schöpferischen Generationen zerreißen, die Sie und andere dann hervorgebracht haben werden.« Doch schließlich siegte der Glaube an den Fortschritt, selbst in der Kunst: »Aber Galileo hatte recht, ›eppur si muove‹– und sie bewegt sich doch –, nichts wird die Wahrheit aufhalten, das Schöne wird das Schöne bleiben.«

Würde dieses Land, das für Paul Rosenberg zuerst ein zu erforschender Kontinent war, für ihn zum Land des Exils werden oder zu einer zweiten Heimat?

DIE KRIEGSJAHRE IN NEW YORK

IM SEPTEMBER 1940 kommt Paul mit Frau und Tochter in New York an. In der ersten Zeit wohnen sie im Madison-Hotel in der 58. Straße, bis Paul sich 1941 entschloss, wieder eine Galerie zu eröffnen, und das schon erwähnte Haus in der 57. Straße mietete.

Paul, schon immer voller Ängste, blieb wie alle Emigranten ängstlich, unabhängig von der aktuellen politischen Situation. »Niemand kann sich vorstellen, wie erleichtert ich war, als ein Immigrationsoffizier mir sagte: ›Machen Sie sich keine Sorgen, Sie sind bei Freunden‹«, schrieb er Matisse, der in Nizza in der »freien Zone« lebte und mit dem er deshalb noch korrespondieren konnte. Am 27. November 1940 schrieb er ihm aus seinem Hotelzimmer: »Ich weiß noch nicht, was ich tun werde, aber vielleicht richte ich mich ein wie in Paris ... Keinerlei Nachrichten von Pablo und den anderen Parisern, das beunruhigt mich und macht mir Sorgen (...) Ich habe hier einen Cézanne aus der Umgebung von Aix vor mir, dessen klare, reine Atmosphäre meinen Augen wohltut und mein Herz erfreut.«

Sooft er konnte, schrieb Paul wehmütig an seinen Malerfreund: »Ihre Bilder fehlen hier, denn wir sind von Europa abgeschnitten. (...) Der Markt kann nicht ohne Ihre Bilder bleiben, schon profitiert die amerikanische Schule davon, man kramt alle Sonntagsmaler aus, Leute, die mit 72 angefangen haben und jetzt 92 sind. (…) Ich fahre nach San Francisco, um einen Vortrag zu halten, in dem ich wie in Chicago über die Kunst im Allgemeinen und Sie alle im Besonderen sprechen will. Das ist das einzige, was mich interessiert und mir Vergnügen macht. Zu viele Dinge, an denen mir lag, die mein Leben waren, sind weit weg von mir. Wenn ich Ihnen schreibe, kommt mir sogar die schöne Landschaft der Provence in den Sinn, das sanfte, freundliche Licht, diese Gegend voller Heiterkeit.« Nach einer Operation, der Matisse sich hatte unterziehen müssen, erkundigte sich Paul am 18. Februar nach seiner Gesundheit und schrieb weiter: »Sie haben Glück, dass Sie die Malerei haben (…) wenn Sie etwas schaffen, vergessen Sie das Unglück und die Ängste dieser Zeiten (…) Die Trennung ist sehr schmerzhaft, denn alles, was ich liebe, ist fern von mir.« Verschlüsselt erwähnte er die letzten Bilder, die er von Matisse gekauft hatte und die, wie er ahnte, gestohlen worden sind: »Ich weiß nicht, was aus Ihren Kindern von 1940 geworden ist. Sie lagen mir am Herzen, sie waren meine Freude, was soll ich nur tun, um sie wiederzufinden (…)«

Matisse wiederum erkundigte sich im November und Dezember 1940 in zwei Briefen an seinen Sohn Pierre, der in New York selbst eine Galerie eröffnet hatte, nach seinem Freund und Händler, den er wegen der Zensur »Paul Floirac« nennt. »Wie geht es Paul Floirac? Erzähl ihm vieles von mir, aber sag ihm nicht, was ich Dir schreibe, nämlich dass Pablo um seine Zukunft besorgt ist. Im Grund hat er viele Ressourcen und könnte vielleicht zu seiner blauen oder rosa Periode zurückkehren, die immer hoch geschätzt werden.«

Paul hatte also Heimweh und keinen Kontakt mehr zu seinen in Paris gebliebenen Geschwistern – zwei Brüder und eine Schwester – und Freunden. Er war voller Sorge über die Lage im besetzten Frankreich, erfuhr jedoch wenig.

Im März 1942 schrieb er an den befreundeten Henri de Vilmorin: »Sie müssen doch Nachrichten aus Frankreich haben und wissen, was dort vor sich geht. Die Hekatomben von Geiseln und Leuten, die in den Konzentrationslagern an Unterernährung, Kälte oder ansteckenden Krankheiten sterben (...) Oh, wie leiden unsere Brüder, und ich kann mir ihren Schmerz vorstellen, unser schönes Land vom Feind geplündert und ausgebeutet zu sehen (...). Zum Glück sind wir voller Vertrauen und der festen Hoffnung, das Land vollkommen regeneriert und geläutert wiederzufinden.«[1] Das klingt fast wie die Klagen Pétains: Wie der Marschall glaubte Paul, dass Frankreich für seine Fehler büßen müsse. Aber Pétain meinte die III. Republik, Paul hingegen natürlich die Kollaboration!

Paul fühlte sich ohnmächtig und versuchte ungeduldig, sich nützlich zu machen. Seine Frau Margot und vor allem seine Tochter, meine Mutter Micheline, arbeiteten für *France Forever*,[2] er organisierte Ausstellungen zugunsten von France Libre und spendete große Summen. Im Februar 1941 schenkte er dem Free French Relief Committee eine Stinson 105, das erste Sanitätsflugzeug für Französisch-Äquatorialafrika. General de Larminat, einer der ersten französischen Militärs, die sich den Forces françaises libres anschlossen, und später an der Befreiung beteiligt, schickte aus Brazzaville ein Danktelegramm an den »großzügigen Spender«, der anonym bleiben wollte.

Nervös schrieb Paul an alle und jeden. An seine französi-

1 Familienarchiv
2 Vgl. Kapitel »Gennevilliers«, 61f.

schen Freunde ohne die Hoffnung, dass sie die Briefe bekamen. An den Freund und Sammler Alphonse Kann, der in England war. An die tatkräftige und großzügige Sekretärin seines Londoner Büros, Winifred Easton, die sich um die im Juni 1940 verschifften »Kinder« kümmerte und *The Blitz*, die Angriffe der deutschen Luftwaffe, in London miterlebte: »Ich weiß, dass Sie hart arbeiten und Ihre Moral ungebrochen ist. Auch wir behalten das Kinn stolz erhoben und zweifeln nicht eine Sekunde, dass das Schlimmste hinter uns liegt und das Ende und unser aller Sieg bald kommen werden. (…) Ja, die Lage Frankreichs ist furchtbar. Deshalb bemühen wir uns, diese üblen, abscheulichen Kerle beim Namen zu nennen, die dem Bild meines Landes so sehr schaden. Wir veröffentlichen Broschüren und Bücher, um das wahre Gesicht Frankreichs zu zeigen. Aber seien wir unbesorgt: Wenn der Krieg erst zu Ende ist, werden die Franzosen das alles hinwegfegen, und diejenigen, die nicht standhaft geblieben sind, werden vielleicht mit dem Leben für ihre schmutzige Arbeit bezahlen.« Dieser gezwungen optimistische Brief stammt vom Oktober 1942, den schwärzesten Stunden Europas…

Die Sorge um seinen Sohn Alexandre quälte ihn, von dem er seit dessen Aufbruch aus England nichts mehr gehört hatte, außer dass er sich irgendwo in Afrika aufhielt. Am 24. Mai 1944 schrieb er an Guérin de Beaumont, den Direktor des französischen Generalkonsulats in New York, in der Hoffnung, sein Sohn, den er seit Juni 1940 nicht mehr gesehen hatte, könnte Urlaub bekommen und sie besuchen (er konnte nicht wissen, dass die Landung in der Normandie kurz bevorstand): »Wir sind sehr niedergeschlagen. Seine Mutter hat keine Freude mehr am Leben. Es ist wahrhaft ein Wunder, dass sie trotz ihres maßlosen Kummers noch am Leben ist. (...) Meine persönlichen Aktivitäten außer der Ausstellung zum hundertsten Geburtstag Renoirs zugunsten des Free French Relief Committee und der Cézanne-Ausstellung zugunsten von France Forever und dem Fighting French Committee muss ich nicht extra erwähnen, da alles, was ich tue, von einem Patrioten getan wird, der sein Vaterland liebt, besonders wenn es in Gefahr ist. Ich kann sagen, dass ich mein Leben lang gegen die Deutschen gekämpft habe, die nach mir suchen, und wäre ich in Frankreich geblieben, wäre ich mit Sicherheit schon lange als Geisel genommen und erschossen worden.«[*]

Aber er wusste lange Zeit nichts von den Gräueln der Nazis und ihrer Vichy-Komplizen, auch nichts von den Plünderungen, zu deren Opfern er selbst gehörte. Der »Patriot«, wie er sich nennt, ahnte auch nicht, dass ein Gesetz der Vichy-Regierung vom 23. Juli 1940, als er noch in Portugal war, allen Franzosen, die Frankreich verlassen hatten, die französische Staatsbürgerschaft aberkannte.

Hingegen kannte er höchstwahrscheinlich das Gesetz zum Status der Juden, das am 3. Oktober 1940 im *Journal officiel* publiziert wurde und dessen traurig berühmter Artikel 1 lautete: »Für die Anwendung des vorliegenden Gesetzes wird jede Person als Jude betrachtet, die drei Großeltern jüdischer Rasse oder zwei Großeltern dieser Rasse hat, wenn ihr Ehegatte ebenfalls Jude ist.« Es folgen die Verbote betreffend Anstellungen und Ehrungen durch den Staat, sie dürfen nicht mehr in die Armee aufgenommen werden, nicht mehr Lehrer, Regierungsbeamte, Richter und Staatsanwälte, Zeitungsredakteure

[*] Familienarchiv

und -herausgeber sein, auch nicht mehr für Film und Theater arbeiten.

Im Casino de Paris, in manchen Grünanlagen und Clubs ist »Hunden und Juden der Zutritt verboten«, wie es auf Schildern an öffentlichen Anlagen hieß. Aber wie Dan Franck bitter notiert, blieb »*le canard au sang* im Nobelrestaurant Tour d'Argent berühmt«.* Er berichtet auch, wie die Pariser Oper und Serge Lifar Hitler und Goebbels empfingen und der junge Karajan *Tristan und Isolde* dirigierte. Und für Sacha Guitry »lief alles bestens«.

Von all dem erfuhr Paul nur Bruchstücke. Insbesondere wusste er nichts von den Deportationen, die auf die Aberkennung der Staatsbürgerschaft folgten.

Am 23. Februar 1942 wurde die »Denationalisierung« Paul Rosenbergs und seiner Familie verfügt. Einen Monat später, am 26. März 1942, schickte Paul ein Telegramm an den »Herrn Vorsitzenden der Prüfungskommission der Fälle der Aberkennung der Staatsbürgerschaft, Justizministerium, Vichy, Frankreich«: »Ich erfahre von meiner Ausbürgerung per Dekret vom 23. Februar 1942. Protestiere energisch und erhebe ausdrückliche Vorbehalte. Brief folgt.« Der Brief folgte am 16. April 1942, an dieselbe Kommission. Fünf Seiten unbeholfener Rechtfertigung, die von seiner Ahnungslosigkeit und Naivität zeugen: »Ich erfahre, dass ich durch ein Dekret mit Datum vom 23. Februar 1942, kraft des Gesetzes vom 23. Juli 1940, der französischen Staatsbürgerschaft verlustig gegangen bin, weil ich das französische Mutterland ohne triftigen Grund zwischen dem 10. Mai und dem 30. Juni 1940 verlas-

* Dan Franck, op. cit.

sen habe (...) Mit Empörung protestiere ich gegen die Anwendung des vorgenannten Textes auf meinen Fall (...): Ich habe stets all meine Pflichten erfüllt, meine Vergangenheit ist ehrenvoll und untadelig« usw., »schreiende Ungerechtigkeit« usw. »Erst während meines Aufenthalts in Portugal habe ich von den Waffenstillstandsbedingungen erfahren. Gerade diese haben mich dazu bewogen, meine Reise fortzusetzen. Denn bei näherer Überlegung bin ich zu dem Schluss gekommen, dass ich mich in den Vereinigten Staaten nützlicher machen konnte, als wenn ich nach Frankreich zurückkehrte (...) Die Aberkennung der Staatsbürgerschaft ist ein Schimpf, den kein Mann von Würde akzeptieren kann, ohne sich zu wehren. Ich flehe nicht um Milde für ein Verbrechen, das ich nicht begangen habe, sondern ich rufe nach Gerechtigkeit, auf die ich wie jeder andere Bürger ein Recht habe.«

Der Anfang dieses Briefs spiegelt das Gefühl all jener Franzosen im Jahr 1940 wider, die nicht glauben konnten, dass sie 1914–18 gut genug waren als Kanonenfutter und zwanzig Jahre später als Verräter betrachtet wurden, weil sie als Juden geboren waren. Diese Verständnislosigkeit findet sich überall, in allen Ländern, die die Demütigungen, Diskriminierungen und Deportationen erlebt haben, sogar noch bei denen, die in die Viehwaggons stiegen. Für einen gesunden Geist war die Shoah nicht vorstellbar.

Pauls Ahnungslosigkeit, was im besetzten Frankreich vor sich ging, war offensichtlich. Er hatte einen Freund, zu dem er volles Vertrauen hatte, darum gebeten, seine Papiere aufzubewahren und für die Bezahlung des Personals zu sorgen, das in der Galerie geblieben war. An diesen Freund, Gilbert Lévy – der deportiert und in Auschwitz vergast wurde, während einer seiner Söhne mit meinem Onkel Alexandre am Afrika-Feldzug teilnahm und in der Normandie in dessen Armen starb –, schrieb Paul am 20. März 1942 mit verstörender Naivität: »Ich erfahre, dass ich ausgebürgert worden bin. Können Sie sich mit meinem Bruder in Verbindung setzen, den ich einen Anwalt zu beauftragen bitte, meine Sache nötigenfalls vor der Kommission zu vertreten?«[1] Doch manche Sache, wie Paul damals noch nicht wusste, ist unvertretbar.

Aber noch einmal zurück zu dem Brief, den er nach Vichy schickte. Der letzte Absatz über den Schimpf, der ihm angetan wird, und die Weigerung, um eine Gnade zu bitten, die er beleidigend fände, ist im richtigen Ton geschrieben, fassungslos und empört, ganz anders als die schwache Entschuldigung am Anfang, er könne Frankreich in den USA nützlicher sein. Meine Großeltern sind geflohen, weil ihr Leben in Gefahr war, und dafür hätten sie sich nicht schämen müssen. Doch sich das einzugestehen, während andere blieben und so ihr Leben riskierten und oft auch verloren, erlebten sie offenbar als Schande.

»Im Gegensatz zur polnischen Geschichte, wo das Exil in den beiden letzten Jahrhunderten integraler Bestandteil der nationalen Geschichtsschreibung war, ist die französische Tradition durch eine negative Vorstellung vom Exil geprägt, das irgendwo zwischen Flucht und Verrat angesiedelt wird (…) Das Exil ist [seit der französischen Revolution] mit Antipatriotismus [und Assimilation] befleckt, es ist eine gewissermaßen aktive Metonymie für das konterrevolutionäre Frankreich«, schreibt Emmanuelle Loyer in dem schon zitierten Werk.[2]

1 Familienarchiv
2 Emmanuelle Loyer, op. cit.

Deshalb erlebte Paul die Aberkennung der Staatsbürgerschaft durch das Vichy-Regime, das er verabscheute, als Beleidigung und Demütigung, was ihm das ständige Bedürfnis einflößte, sich zu rechtfertigen. Dass er nach dem Krieg mit seiner Galerie nicht nach Paris zurückkehrte, sondern in New York blieb, lag sicher zum Teil daran, dass dort der Kunstmarkt lebhafter war (obwohl viele Pariser Galerien, angefangen mit Kahnweiler, nach der Befreiung florierten), doch vor allem hatte es einen anderen Grund: Im Gegensatz zu den Franzosen, die ihm seine Nationalität genommen hatten – und von denen einige sich am Raub seines Besitzes beteiligt hatten und ihn sicher auch hätten deportieren lassen –, hatten die Amerikaner ihn und seine Familie aufgenommen und geschützt, sie hatten ihm ermöglicht weiterzuarbeiten und ihn als einen der Großen seines Berufs anerkannt, das heißt, ihm geholfen, seine in den Schmutz gezogene Würde wiederzuerlangen.

Im Kriegstagebuch meines Vaters habe ich einen ähnlichen Ton gefunden. 1940 demobilisiert, außerstande, das Leben im besetzten Frankreich zu ertragen, schaffte er es zwar nicht nach London, aber in die Vereinigten Staaten. In New York angekommen, war ihm dort, »in Sicherheit«, sehr unwohl, er meldete sich als Unteroffizier zu den Freien Französischen Streitkräften. Mit zwei Landsleuten, den einzigen Franzosen unter 8.000 amerikanischen Soldaten, schiffte er sich auf einem britischen Truppentransporter ein und erreichte, oft ohne Beleuchtung, um dem Feind zu entwischen, über Südamerika, das Kap der Guten Hoffnung und das Rote Meer den Nahen Osten, um dort zu kämpfen. In seinen Aufzeichnungen über die drei Jahre bis zum Kriegsende spürt man während der ganzen zwei Monate langen Zickzackfahrt über das von Minen und deutschen U-Booten verseuchte Meer, auch in den folgenden Jahren seiner Tätigkeit für France Libre in Beirut und Kairo noch das Bedürfnis, sich vor sich selbst zu rechtfertigen, für eine Ungefährdetheit zu »büßen«, die er sich vorwarf und deren er sich geschämt zu haben scheint. Voller Sorge um die Seinen, die in Paris geblieben oder irgendwo in Frankreich versteckt waren, war ihm das Leben als Abgesandter de Gaulles im Nahen Osten kaum erträglicher als das Flüchtlingsleben in New York.

Nach diesem Telegramm und dem folgenden Brief versuchte mein Großvater nicht mehr, mit dem Vichy-Regime in Kontakt zu treten, um »seine Sache zu vertreten«, er weigerte sich sogar. Am 24. April 1942 schrieb er einem Bekannten, der sich als Vermittler angeboten hatte: »Die jüngsten Ereignisse in Frankreich sind derart, dass ich keinerlei Kommunikation mit einer Regierung zu haben wünsche, die von einem Mann wie Laval geführt wird. Lieber würde ich alles verlieren, was ich besitze.«*

Und das geschah auch, mit seinen Bildern wie mit seinen Illusionen.

AUS DEN AUGEN, ABER
NICHT AUS DEM SINN

MEIN GROSSVATER WUSSTE ALSO wie die meisten Flüchtlinge in den USA sehr wenig über die Situation in Frankreich. Er wusste auch nicht, wie es den in Frankreich gebliebenen Malern erging, um die er sich sorgte und die, wie er hoffte, Gegner der Besatzer waren.

Manche waren das, auch wenn die in Paris gebliebenen Künstler sich weder in der einen noch in der anderen Richtung besonders hervorgetan haben. »Von dem Moment an, da sich die Nazis als Gegner der Kultur und der Freiheit erwiesen, wurde jede freie Meinungsäußerung zu einem Akt des Mutes«, schreibt Laurence Bertrand Dorléac.*

Wie Paul vermutete, aber nicht wusste, zeigten Braque, Matisse und Picasso keinerlei Sympathien für die Deutschen. Andere wie Derain, Otto Friesz, van Dongen, Paul Belmondo und Vlaminck zögerten nicht, der Einladung zu einer Deutschlandtournee zu folgen. Manche kehrten sogar als Propagandisten des Naziregimes zurück, weil es einen guten Eindruck auf sie gemacht habe.

Braque wurde nicht eingeladen. »Zum Glück hat meine Malerei ihnen nicht gefallen. Sonst wäre ich vielleicht mitgefahren, gegen das Versprechen, Gefangene freizulassen«,

---

* Laurence Bertrand Dorléac, op.cit.

gestand er später ehrlich. Er war ein enger Freund von Derain gewesen, der mitgefahren war, und wollte ihn nicht desavouieren: »Er war ein Mann von Moral, kein Moralprediger. Aber etwas war zerbrochen, sie standen sich nie mehr so nah.«*

Paul wusste, dass Braque kein Kämpfer und ein Bild wie *Guernica* nicht sein Stil war. Braque verstand auch Picassos Engagement für die Kommunisten und später seine Friedenstaube nicht. Ihm ging es nur darum, ob seine Kunst standhielt, erklärt sein Biograf Alex Danchev: »Kein Aufschrei bei Braque, nur ein Murmeln.«

Doch der Krieg brachte ihn aus dem Gleichgewicht, er überlegte sogar, in die Schweiz zu gehen. Zum ersten Mal seit 1917 hörte er auf zu malen, wie er an meinen Großvater schrieb, der zu der Zeit schon in Floirac lebte.

Nach der Rückkehr nach Paris und dem Umzug nach Pacy-sur-Eure, wo seine alte Mutter wohnte, malte Braque sehr düstere Stillleben (darunter seine berühmten *Schwarzen Fische*). Aber das Privileg, diese Bilder zu betrachten, hatten nur seine beiden engsten Freunde, Jean Paulhan und Francis Ponge, die beide in der Résistance waren.

1943 fand dann doch eine kleine Ausstellung im Salon d'Automne statt, in einem nur Braque gewidmeten Raum, was Drieu La Rochelle trotz allem begrüßte, Lucien Rebatet in *Je suis partout*, dem Organ der Kollaboration, hingegen beklagte.

Braque ging nicht auf die Avancen der Deutschen ein, ließ sich nicht wie Cocteau zu einem Kniefall vor Arno Breker herab, wagte es sogar, an der Totenmesse für Max Jacob teilzu-

* So Alex Danchev, op. cit.

nehmen, der kurz vor seinem Transport nach Auschwitz von allen unbeachtet in Drancy gestorben war.

Georges Braque war nicht gefügig, er lehnte es ab, ein Emblem für die offizielle Devise des Vichy-Regimes: »Arbeit, Familie, Vaterland« zu entwerfen, worum ihn der Marschall gebeten hatte. »Er war nicht im Widerstand. Aber er bewahrte sich seine Würde. In dieser Zeit der Zugeständnisse war das eine Tugend.«*

Mein Großvater, der sich Braque für die schon zitierte Zeitschrift *Art in Australia* »in seinem blauen Malerkittel vor seiner Staffelei« vorstellte, wie er, »umgeben von seinen Farbtöpfen, mit dem Pinsel in der Hand malt, arbeitet, erschafft«, täuschte sich also kaum im Charakter seines alten Freundes, »seines anderen Bruders«, wie er ihn nannte. Im Unterschied zu Picasso, »der unruhig war und gern redete, war Braque still und liebte das ruhige Gespräch. ›Nie ein Wort lauter als das andere‹, hat Picasso über ihn gesagt. Nie eine Konfrontation von Farben auf seinen Bildern, sondern Demut wie in der französischen Tradition Chardins und Corots. (...) Doch wie Picasso malte er nie genau das, was er sah. Sein Werk ist ein Werk des Neu-Erschaffens. Er war kein Weltmann, lebte isoliert und verabscheute Ehrungen und Empfänge. Aber auch er muss beim Anblick der braunen Uniformen seine Gelassenheit verloren haben.« Pauls Gefühl hat ihn nicht getrogen.

Über Künstler wie Derain, von denen Paul wusste, dass sie die Ehrungen des Vichy-Regimes angenommen hatten, urteilte er streng, aber maßvoll. Im August 1942 lehnte er es ab, in New York eine Ausstellung über die Künstler des 20. Jahrhun-

* Ebd.

derts zu machen: »Es ist unmöglich, Künstler auszustellen, die in Deutschland gewesen sind, zugleich ist es aber in Frankreich nicht Sitte, Leute zu verurteilen, ohne sie gehört zu haben. Daher ist es unmöglich, diese Ausstellung zu veranstalten.«[1]

Über andere Fahnenträger des Fauvismus wie Vlaminck machte er sich Illusionen, wenn er glaubte, sie seien Gegner der Besatzer. Vlaminck, der eifersüchtig auf Picasso war, nutzte im Gegenteil die Gelegenheit, um »diesen Katalanen mit dem mönchischen Aussehen und dem Blick eines Inquisitors«, wie er in der Zeitschrift *Comoedia* schrieb, zu attackieren. »Der Kubismus [ist] eine Perversion des Geistes, eine Schwäche, eine Amoralität und so weit von der Malerei entfernt wie die Päderastie von der Liebe.«

Picasso konnte es sich nicht erlauben, darauf zu antworten. Er war aus der Rue La Boétie – dort waren ihm die Nazis zu nah – in eine Wohnung in der Rue des Grands-Augustins Nr. 7 gezogen, die seine damalige Lebensgefährtin Dora Maar gefunden hatte. Er war, so Laurence Bertrand Dorléac, »der Sündenbock schlechthin, die Verkörperung des Übels in seinen tausend Facetten, Verrückung, Unordnung, Blasphemie«.[2] Die Gestapo hätte ihn jeden Augenblick verhaften können, aber auf Bitten Cocteaus stand er unter dem Schutz des allmächtigen Arno Breker.

Picasso hatte früh gegen Franco Partei ergriffen, und die spanischen Republikaner hatten ihn zum Direktor des Prado ernannt. Er vergaß es Pétain nie, dass er französischer Botschafter bei Franco gewesen war, was wohl auch zu seiner Kälte gegenüber dem Vichy-Regime beigetragen hat. Nach der Bombardierung

1 Familienarchiv
2 Laurence Bertrand Dorléac, op. cit.

der kleinen Stadt Guernica durch die Flugzeuge der deutschen Legion Condor am 26. April 1937, einem Markttag, malte Picasso für den Pavillon der spanischen Republik auf der Pariser Weltausstellung 1937 eines seiner Meisterwerke, *Guernica*.

Um dieses weltbekannte Bild rankt sich eine Legende. Deutsche Offiziere, die Picasso in seinem Atelier in der Rue des Grands-Augustins besuchten, sollen ihn beim Anblick des anklagenden Gemäldes, das in einer Ecke stand, gefragt haben: »Haben Sie das gemacht?« Und Picasso habe erwidert: »Nein, Sie.« Eine sublime, bühnenreife Antwort, aber ich bin nicht sicher, ob sie authentisch ist. Als mein Großvater und meine Mutter ihn nach der Befreiung in seinem Atelier besuchten, beglückwünschten sie ihn zu diesem mutigen Wort, das als Symbol des Widerstands der Künstler und Intellektuellen gegen die Besatzer übers Meer gedrungen war. Etwas verlegen antwortete Picasso: »Etwas in der Art habe ich wohl gesagt. Nun ja, sagen wir, ich habe es gesagt.«*

Andere Äußerungen Pauls und Picassos über den Krieg habe ich nicht gefunden. Auch nicht über dessen Anfänge. Dabei war Picasso in Royan, als die Rosenbergs im Winter 1940 in Floirac lebten. Über die Kriegserklärung am 3. September 1939 findet sich nichts in den Briefen. Vielleicht haben sie an diesem Tag miteinander telefoniert?

Paul gratulierte »meinem alten Pic« am 25. Oktober 1939, zwei Monate vor dem seinen, lediglich zum Geburtstag: »Der Geburtstag ist traurig.« Am 29. Dezember 1939 schickte Paul, der an diesem Tag achtundfünfzig wurde, »meine besten Wünsche für 1940. Sie kosten mich zweimal zwei Marken zu

---

* So haben es mein Großvater und meine Mutter sehr oft erzählt.

30 Francs für das Telegramm. Dabei hat Reynaud gesagt, man müsse sparen!«

Zwischen dem künftigen Flüchtling und dem spanischen Republikaner scheint der Krieg also immer nur indirekt erwähnt worden zu sein. Gewiss, dieser kampflose Krieg mag abstrakt erschienen sein, aber ich finde es doch verblüffend, dass er in der Korrespondenz so wenig vorkommt, in der sie weiterhin nur »über Bilder reden«. Meine Großmutter schrieb Picasso sogar ein Briefchen, wie erleichtert sie sei, dass mein Großvater endlich seine Bilder an den nackten Wänden in Floirac habe. Er hatte sie aus Paris kommen lassen, weil er sie südlich der Loire in Sicherheit glaubte. »Ihre Bilder von 1940 hängen im Esszimmer«, schrieb seinerseits Paul. Vielleicht waren das schon Bilder in der Art der *Femme nue debout*, die Laurent Fabius als Beispiel für die Kunst des vom Krieg erschütterten Malers beschreibt.* Aber Paul schrieb ihm: »Dank Ihnen sind die Mahlzeiten weniger eintönig, Ihre Bilder rufen Zustimmung und Heiterkeit hervor.« Im selben Brief teilte er ihm den Tod von Diola mit, der Hündin der Kinder, auf deren Namen mein Onkel Alexandre später den Panzer taufte, den er in der 2. Panzerdivision von General Leclerc fuhr.

Pauls letzter Brief an Picasso bis zu ihrem Wiedersehen nach dem Krieg stammt vom 9. Mai 1940, kurz vor der deutschen Offensive bei Sedan. Er schrieb, er wolle am 14. Mai nach Paris fahren. Der Krieg erschien allen nur noch virtuell. Doch einen Monat später floh Paul nach Spanien!

---

* Vgl. Laurent Fabius, *Le Cabinet des douze*, Paris 2010. Dieses Bild und *Le Charnier* von 1945 zieht Fabius als Beispiel für Picassos abgehackte, brutale, gebrochene Malweise in dieser Zeit heran, in der sich für ihn das Trauma des Krieges widerspiegelt.

Dabei war Picasso sehr betroffen über die Ereignisse. Während des »drôle de guerre« hatte er im Frühjahr 1940 von Royan aus einen kurzen Ausflug nach Paris gemacht. Dort begegnete er Matisse und fragte ihn: »Wohin gehst du?« »Zu meinem Schneider«, antwortete Matisse. »Was, weißt du denn nicht, dass die Front vollkommen zusammengebrochen ist? Die Deutschen werden morgen in Paris sein!« »Und was tun unsere Generäle?«, fragte Matisse. Picasso sah ihn ernst an und antwortete – diese Antwort findet sich in allen Büchern: »Unsere Generäle? Das ist die École des Beaux-Arts!« Das sagt genug darüber aus, was die beiden Maler von dieser Schule hielten, die Neuerungen so ängstlich gegenüberstand, und von dieser Armee, die sich noch im vorigen Krieg wähnte …

Paul kannte zwar den Charakter seiner Künstlerfreunde, aber über ihr Leben unter der Besatzung wusste er nichts. Picasso kehrte nach dem Waffenstillstand in die Hauptstadt zurück. Warum ist er damals in Paris geblieben? Das Exil erschreckte ihn, und »zu bleiben war keine Art von Mut, sondern eine Art Trägheit«, wie er später dem Kunstkritiker und künftigen Direktor des Musée d'Art moderne, Jean Leymarie, sagte.[1] Er wollte sich nur auf seine Arbeit konzentrieren.

1943 begegnete er Françoise Gilot, die seine Lebensgefährtin und Mutter zweier seiner vier Kinder wurde, Claude und Paloma. Einige seiner Freunde wie Robert Desnos und Paul Éluard gehörten der Résistance an, Picasso nicht. Zwar »lehnte er die Kohlen und die Naturalien ab, die die Deutschen ihm anboten«[2], doch ansonsten kümmerte er sich nur um seine Ar-

1 Zitiert nach Laurence Bertrand Dorléac, op. cit.
2 Vgl. Dan Franck, op. cit.

beit. Eine Phase intensiver Produktivität begann, die sein ganzes restliches Leben anhielt, er verbot sich alles, was ihn aus diesem »Sträflingsrhythmus«[1] riss.

Aber Paul war überzeugt, dass Picasso verzweifelt war, in einer erstickenden Atmosphäre leben zu müssen, er, »der freieste unter den Menschen«, wie er 1941 in dem Artikel für *Art in Australia* schrieb. »Welche Freude kann ihm das Malen da noch machen«, fragte er sich, »er, der beim Schaffen in einem Zustand ständiger Revolte war, er, der sein Werk zurechtstutzte, knetete, marterte, um ihm Leben zu verleihen? Er muss maßlos leiden.«

Im April 1940 hatte Picasso einen Antrag auf Einbürgerung gestellt, die ihm wegen angeblicher Sympathien für den Anarchismus verweigert wurde. Er beschloss zu bleiben, obwohl er stets fürchten musste, an Franco ausgeliefert zu werden. Polizeiberichte aus dem Jahr 1939, also noch in der III. Republik, hatten ihn »antifranzösischer Äußerungen« im Café de Flore bezichtigt. »Eine merkwürdige Art, dem Land zu danken, das ihn aufgenommen hat, und unter den gegenwärtigen Bedingungen ist sein Verhalten zumindest ungebührlich.«[2] Im selben Bericht (noch vor der deutschen Invasion!) heißt es, »dieser Ausländer, der sich in Frankreich in der sogenannten modernen Malerei einen Namen gemacht hat, was ihm beträchtliche Summen einbringt, soll vor einigen Jahren gewissen Freunden erklärt haben, dass er bei seinem Tod seine Sammlung der russischen Regierung hinterlassen würde, nicht der französischen«. Der Boden für Xenophobie und Zensur war schon bereit!

1 Laurence Bertrand Dorléac, op. cit.
2 Aus dem damaligen Polizeibericht, Archiv der Polizeipräfektur in Paris, Akte »Picasso«.

Picasso hatte also eine Aufenthaltserlaubnis und den entsprechenden Ausweis, der damals seltsamerweise als eine Art Personalausweis diente. Er wurde am 30. November 1942 erneuert und war bis zum 30. November 1945 gültig. Am Rand war darauf vermerkt: »katholisch«. Und handschriftlich das Folgende: »Ich versichere bei meiner Ehre, kein Jude im Sinne des Gesetzes vom 2. Juni 1941 zu sein« – eines Gesetzes, das die Bestimmungen des Gesetzes zum Judenstatut aus dem Jahr 1940 verschärfte. Unterzeichnet: Picasso.*

Verstörend. Paul wäre vom Stuhl gefallen. Aber man musste überleben. Die Dramen wie die Plünderungen.

---

* Ebd., Einbürgerungsgesuch vom 30. November 1942

DER ZUG, SCHENKER UND
DIE KUNST DES MÖGLICHEN

DIE TRUPPEN DER 2. PANZERDIVISION General Leclercs hatten gerade Paris befreit, als sie am 27. August 1944 von den Eisenbahnern im Widerstand die Nachricht erhielten, dass ein letzter Zug mit Kunstschätzen die Hauptstadt in Richtung Deutschland verließ. In Aulnay stoppten sechs Freiwillige unter Führung von Leutnant Alexandre Rosenberg den Zug. Darinnen abgestumpfte alte deutsche Soldaten auf der Heimfahrt und hundertachtundvierzig Kisten moderner Kunst, von der ein kleiner Teil ... dem Vater ebendieses Leutnants, Paul Rosenberg, gehörte. Darunter Werke, die Alexandre zuletzt 1939 an den Wänden seines Elternhauses in der Rue La Boétie gesehen hatte!

Dieser Zug auf dem Weg nach Deutschland war der letzte Akt des gigantischen Raubzugs, der in Frankreich wie in allen anderen besetzten Ländern Europas verübt wurde.

Schon zwei Wochen nach dem Waffenstillstand hatte Hitler den Befehl gegeben, alle Kunstgegenstände, die Juden gehörten, »in Sicherheit zu bringen«. »Das ist keine Enteignung«, hieß es in dem Rundschreiben aus Berlin mit dem Zynismus jener, die glauben, je gröber eine Lüge sei, desto größer die Chancen, dass sie geglaubt würde, »sondern eine Überstellung in unsere Obhut als Garantie für die Friedensverhandlungen.«*

---

* Vgl. Rose Valland, op. cit.

Noch im Sommer 1940 fanden die ersten noch unorganisierten Raubzüge statt. Zu der Zeit verwandelte sich, wie Rose Valland schreibt, »die deutsche Botschaft in ein Nazi-Kulturministerium im besetzten Land«. Erst am 30. Oktober 1940 wurden vierhundertfünfzig Kisten aus der Rue de Lille (wo sich die Botschaft befand) ins Musée du Jeu de Paume geschafft, wo die minutiöse maschinelle Erfassung stattfand, die der Einsatzstab Reichsleiter Rosenberg zu diesem Zweck entwickelt hatte.

Am 4. Juli 1940 übergab also Otto Abetz, der deutsche Botschafter in Paris, der Gestapo und dem SD die Liste der bekanntesten jüdischen Sammler und Händler: Rothschild, Rosenberg, Bernheim-Jeune, Seligmann, Alphonse Kann etc. Am selben Tag wurde das Haus in der Rue La Boétie 21 durchsucht, und alle Kunstwerke, die Paul dort zurückgelassen hatte, wurden beschlagnahmt, zudem eine mehr als zwölfhundert Bücher umfassende Bibliothek, die ganze Einrichtung des Hauses (von den antiken Möbeln bis zu den Küchenutensilien), mehrere hundert Fotoplatten und alle Geschäftsunterlagen der Galerie seit 1906.

Auch Skulpturen befanden sich noch dort, die schwer zu transportieren und deshalb in Paris geblieben waren, darunter eine große Skulptur von Maillol und die beiden berühmten von Rodin, *Eva* und *Das Eherne Zeitalter*, die die Eingangshalle der Galerie geschmückt hatten. Auch dem *Denker* erging es nicht anders, den Paul nach dem Krieg zurückerhielt und den ich als Kind so oft oben auf den Eingangsstufen der Galerie in der 79. Straße in New York die Gäste begrüßen sah.

Die französische Polizei stellte die Lastwagen, Gestapo und SD die Männer. Die Werke aus den bedeutendsten Pariser Sammlungen stapelten sich in der deutschen Botschaft.

Was aus den gestohlenen Kunstwerken wurde, ist inzwischen bekannt: Die deutschen Dienste plünderten etwa achtunddreißigtausend Wohnungen. Der seit 1933 in Paris lebende deutsche Kunsthändler Gustav Rochlitz diente als Drehscheibe: Er tauschte die bei den Pariser Galeristen und Sammlern requirierten modernen Werke gegen alte aus dem 17., 18. und frühen 19. Jahrhundert, die den Nazis gefielen.

Von den in der Rue La Boétie zurückgelassenen Bildern, den fünfundsiebzig an den Wänden in Floirac hängenden bzw. zusammengerollt in der Garage aufbewahrten und den hundertzweiundsechzig im Safe von Libourne deponierten Gemälden sind vierhundert gestohlen worden. Etwa sechzig sind immer noch verschwunden (befinden sie sich in Frankreich, in Deutschland oder in Russland?), die meisten davon werden wahrscheinlich niemals wiedergefunden werden. Alle anderen hat zum größten Teil Paul selbst zurückgefordert und -erhalten. Sie bildeten den Grundstock der New Yorker Galerie, der seit Pauls Tod vor sechzig Jahren nahezu aufgezehrt ist.

Manche tauchen von Zeit zu Zeit bei einer Versteigerung oder in einem Nachlass wieder auf. Ich würde sie gern zum Sprechen bringen und von ihrer Odyssee erzählen lassen, besser gesagt davon, wie sie in den Wohnungen der Familien versteckt wurden, die sie widerrechtlich erworben hatten, ohne je ein Wort darüber zu verlieren. Die heutigen Erben haben meist keine Ahnung von ihrer Herkunft, die Erinnerung daran ist mit ihren damaligen Käufern begraben worden.

Nach Abschluss der letzten Entschädigungsfälle Mitte der Sechzigerjahre wurde der Kunstraub im Zweiten Weltkrieg erst Anfang der Neunzigerjahre wieder zum Thema, nachdem nach und nach die Verfolgung der Juden in Frankreich während des

Kriegs ans Licht gekommen war. Auch die Bücher von Lynn Nicholas und Hector Feliciano hatten ihren Anteil daran.

1997 wurde die Mattéoli-Kommission, von der Regierung Alain Juppés gegründet und von der Lionel Jospins weitergeführt, mit der Untersuchung des Raubs an den Juden während der Besatzung beauftragt. »Die Plünderung war nicht das Resultat der Situation nach dem Sieg des Reichs, sondern sie war das Ergebnis einer lange gereiften Absicht und Planung, konstitutiv und grundlegend für den Expansionismus der Nazis«, heißt es in einem Beitrag für die Mattéoli-Kommission.*

Annette Wieviorka arbeitete in einem Artikel zur Arbeit dieser Kommission mit dem Titel »Des spolations aux restitutions« den subtilen Unterschied zwischen »spoliation« (staatlicher Raub) und »pillage« (Plünderung) heraus: »Die ›spoliation‹, wie Gérard Lyon-Caen sie definiert hat, ist ein ›legaler Diebstahl‹. Sie ist im Wesentlichen das Resultat der ›Arisierung‹, d.h. des Übergangs aus ›jüdischen‹ in ›arische‹ Hände. (...) Überlagert wird diese Form der entschädigungslosen Enteignung durch das Problem der ›pillage‹, der Plünderung. Diese wurde hauptsächlich von den deutschen Behörden ausgeführt. Man unterscheidet zwei Arten: erstens die gezielten und von langer Hand vorbereiteten Plünderungen der Deutschen. Sie galten den Kunstwerken der großen jüdischen Sammler und Händler wie Alphonse Kann, Paul Rosenberg, Wilden-

---

* »Le pillage de l'art en France pendant l'Occupation et la situation des 2000 œuvres confiées aux musées nationaux« (Der Kunstraub in Frankreich während der Besatzung und die Situation der 2000 den nationalen Museen anvertrauten Werke), Beitrag des Musée Centre Pompidou zu den Arbeiten der Untersuchungskommission betreffend den Raub an den Juden in Frankreich, von Isabelle Le Masne de Chermont und Didier Schulmann, Paris 2000

stein und den Rothschilds. Bei diesen spektakulären Aktionen wurden Werke von großem Wert gestohlen und nach Deutschland transportiert. Die zweite Art der Plünderung begann 1942 und bestand darin, aus den Wohnungen der Juden alles herauszuholen, was sich darin befand.«[1]

Bei meinen Recherchen über die Wiederbeschaffung seiner Kunstwerke durch meinen Großvater stieß ich auf ein umfangreiches Dokument des Office of Strategic Services, von dem ich noch nie gehört hatte und dessen Titel mir auffiel, weil er bis auf wenige Buchstaben dem von Steven Spielbergs Film *Schindlers Liste* glich. Im Gegensatz zu der Geschichte, von der der Film erzählt, nämlich von einem Gerechten, der Juden gerettet hat, heißt dieses Dokument »Schenkers Liste« (*The Schenker Papers*) und wurde 1995 freigegeben. Von einer deutschen Spedition – der Firma Schenker – aufgestellt und vom amerikanischen OSS auf Mikrofilm aufgenommen, zählt sie die Galerien und Privatleute auf, die deutschen Museen Kunstwerke verkauften. Sie enthält siebenunddreißig Namen, darunter solche von Personen, die »nie einen Verkauf an die Deutschen zugegeben haben, obwohl sie unseres Wissens zahlreiche Transaktionen mit den Besatzern durchgeführt hatten – dafür haben wir Beweise«,[2] darunter Fabiani und Dequoy (der, wie gesagt, bei Wildenstein angestellt und unter der Besatzung Geschäftsführer der Galerie war[3]).

1 Ebd.
2 Records of the Office of Strategic Services (RG 226; Formerly Security Classified Intelligence Reports (»XL« Series), 1941–1946. Das Dokument ist auf Englisch und Französisch abgefasst. Für letztere Fassung ist die Liste von Michel Martin unterzeichnet, Beauftragter für die Gemäldeabteilung in der Rue de Tocqueville, am 7. November 1944.
3 Siehe das Kapitel »Boulevard Magenta«, S. 145.

In einer Ausstellung, die 2008 vom Kulturministerium, dem Außenministerium, der Direktion der französischen Museen und der Réunion des Musées nationaux in Zusammenarbeit mit dem Israel-Museum in Jerusalem organisiert wurde, hieß es über die zweifelhaften An- und Verkäufe durch ebenso zweifelhafte Händler mit wünschenswerter Klarheit: »Martin Fabiani« – der durch alle Dokumente dieser Ausstellung kompromittiert wird – »hat während der Besatzung viele Bilder verkauft und ist deswegen nach der Befreiung rechtskräftig verurteilt worden.« Mein Großvater berichtet in einem Brief, wie er später Fabiani Fotos seiner Bilder zeigte und dieser antwortete, er habe keines davon je besessen, selbst wenn es sich um ein Gemälde handelte, das er ihm selbst zurückgegeben hatte! »Er hatte wohl nicht bemerkt«, kommentierte mein Großvater ironisch, »dass alle von den Deutschen gestohlenen Bilder hinten auf dem Rahmen den Vermerk ›Paul Rosenberg – Bordeaux‹, gefolgt von Initialen und einer Nummer trugen. Den Vermerk hatten die Deutschen angebracht, und er muss darauf gewesen sein, als er die Bilder kaufte. Übrigens hat er mehrere Bilder zurückgegeben, ohne Beweise oder Fotos zu verlangen!«* Tatsächlich hat Fabiani, ohne ein Wort des Protests, achtzig Bilder zurückgegeben.

Zu Paul Pétridès, der 1993 im Alter von zweiundneunzig Jahren starb, hieß es in der Ausstellung, dass er 1979 zu drei Jahren Gefängnis verurteilt wurde, aber wegen seines Alters (er war damals achtundsiebzig) Haftverschonung erhielt. Dass er bei der Befreiung behauptete, nichts von dem illegalen Handel gewusst zu haben, und wie seine Kollegen leugnete, jemals wis-

* Familienarchiv

sentlich irgendein Bild gekauft zu haben, das einem Juden gestohlen worden war, ließ meinen Großvater kurz nach dem Krieg kalt: »Es ist im Handel nicht üblich, Bilder zu erwerben, ohne sich über ihre Herkunft zu informieren, und sich mit den Erklärungen deutscher Mittelsmänner zu begnügen, die auf dem Pariser Markt unbekannt sind.«*

Letzten Endes klagte mein Großvater weder gegen Pétridès noch gegen Fabiani. Warum entschied er sich dafür, gegen zweifelhafte Schweizer Händler vorzugehen, während er gegenüber den Franzosen Milde walten ließ, nachdem ein Teil seiner Bilder zurückerstattet worden war? Befürchtete er, dass in Frankreich die politischen Beziehungen zugunsten der kollaborierenden Händler spielen würden, wie ja schon im Fall der wesentlich kompromittierteren Beamten? Hatte er Angst, der ganze Kunsthandel könne beim Publikum diskreditiert werden, wenn man mit dem Finger auf die unredlichen Händler zeigte? Zog er es vor, in einer persönlichen Racheaktion à la Monte Cristo, sein Eigentum von Angesicht zu Angesicht zurückzuverlangen und seine Bilder eins nach dem anderen wiederzubekommen?

Ein weiteres Paradox, bei dem mir nicht wohl ist: Die kleinen Diebe wurden strenger behandelt als die großen Schurken, mein Großvater verklagte sie wegen Betrugs, Vertrauensmissbrauchs, Diebstahls oder Unterschlagung. So den Concierge der Rue La Boétie 21, Picard, der seit 1931 dort arbeitete.

Er hatte vieles entwendet, angeblich – wie er 1945 im Hinblick auf den Prozess aussagte – um es in Sicherheit zu bringen und später der Familie Rosenberg zurückzugeben. »Eines Ta-

* Familienarchiv

ges habe ich den Befehl erhalten, niemanden in das von den Deutschen beschlagnahmte Haus zu lassen. Am 25. April 1941 zog die Gestapo-Dienststelle in das Gebäude, und ich habe alle Schlüssel übergeben. Zwei Tage später brachten sie die Bibliothek von Monsieur Rosenberg weg. Am 2. Mai haben sie in deutschen Lieferwagen die Möbel weggebracht und durch Büromöbel ersetzt.[1] Am 28. Juni erhielt ich den Befehl, das Haus zu verlassen. In der Zwischenzeit war es mir gelungen, verschiedene Gegenstände aus der Wohnung und der Galerie Rosenberg zu holen, in der Absicht, sie zurückzugeben, und einzig zu dem Zweck, sie zu retten. Ich habe niemals die Absicht gehabt, mir irgendetwas anzueignen.«[2]

Die Zeugenaussage der Haushälterin der Rosenbergs, Marguerite Blanchot, über den Concierge ist eindeutig: »Ich hatte die Schlüssel der Nr. 21, und Monsieur Rosenberg hatte mir gesagt, ich solle auch dort wohnen. Aber Monsieur Picard hat mir davon abgeraten und sogar hinzugefügt, es sei unvorsichtig, die Schlüssel zu behalten. Also habe ich sie Monsieur Picard ausgehändigt und bin bis November 1940 jeden Tag gekommen, um mit Monsieur und Madame Picard die Wäsche und das Silber einzupacken. Er hat die Kisten, die wir gepackt hatten, versiegelt und weigerte sich trotz meiner Bitten, dies in meiner Gegenwart zu tun. Ich bin noch mehrmals in die Rue La Boétie zurückgekehrt, aber die Picards haben mich nicht hineingelassen. Die Concierge der Nr. 20bis kann das bestätigen. Noch am Tag vor der Besetzung des Gebäudes durch die Deutschen bin ich zu der Wohnung gegangen. Ich wollte Mö-

---

1 Für die Einrichtung des Instituts zur Erforschung der Judenfragen, das wie schon gesagt direkt den Deutschen unterstand.
2 Protokoll der Anwälte, Familienarchiv

bel herausholen, aber das Conciergeehepaar hat mich daran gehindert.«[1]

Auch René Duval, Büroangestellter der Galerie, sagte aus, er habe versucht, Dinge aus der Rue La Boétie zu retten, doch das Ehepaar Picard habe ihn daran gehindert. »Ich habe niemanden irgendetwas wegbringen sehen, aber ich habe festgestellt, dass Bilder fehlten, und einige davon hingen bei den Picards, die mir sagten, das sei, um sie zu retten.«[2]

Léa Roisneau war seit 1936 Pauls Sekretärin. Sie war es, die ihn als erste brieflich über die Plünderung informierte. Im März 1941 schrieb sie ihm untröstlich: »Es bleibt nichts, nichts, nichts.«[3] Ihr ehemaliger Chef in New York wusste vieles nicht, auch nicht, dass der Raub auf höchster Ebene der Nazihierarchie organisiert wurde und in allen besetzten Ländern Razzien gegen »Feinde des Reichs« stattfanden.

Auch Léa Roisneau ging mehrmals in die Rue La Boétie und versuchte, die Dinge in Sicherheit zu bringen, die ihr am wichtigsten erschienen: die Bibliothek und die Fotos der Gemälde. Auch sie stellte fest, dass die Picards sich nicht nur hinter den Nazis versteckten, sondern auch böswillig reagierten. »Eines Tages sagte er – Picard – zu mir, er lasse mich nicht mehr ins Haus, und fügte hinzu, wenn der Jude Rosenberg zurückkäme, würde er ihn vor die Tür setzen.«[4]

Tatsächlich hatte Picard überall etwas deponiert: bei Nachbarn, bei seiner Familie, in einem Möbellager. Er hatte sogar Rodins *Denker* und eine Standuhr aus Bronze und Holz zu ei-

1 Ebd.
2 Ebd.
3 Familienarchiv
4 Ebd.

nem Experten gebracht. Zuerst sagte er, er habe alles, was Paul gehörte, dessen Bruder Edmond Rosenberg[1] übergeben. Dann gab er zu, gelogen zu haben. Madame Picard bestätigte dies: »Mein Mann hat nicht die Wahrheit gesagt. Nach dem Exodus haben wir verschiedene Sachen aus dem Haus von Monsieur Rosenberg geholt und sie in einem Möbellager deponiert: Bronzen, ein mit Einlegearbeiten verziertes Bronze-Barometer, eine Marmorbüste, einen mit Einlegearbeiten verzierten Servierwagen. Außerdem 140 bis 150 Flaschen Wein und Champagner (etwa fünfzig haben wir getrunken) und ein gezeichnetes Porträt von Madame Rosenberg.«[2]

Jämmerliche kleine Diebe. Erschien Paul die Tatsache, dass Picard seine Vorhänge aus den Wandbehängen meines Großvaters zuschneiden ließ und schließlich gestand, dass das Régence-Barometer, von dem seine Frau sprach, tatsächlich unter seinem Namen in einem Möbellager lag, wirklich verdammenswerter als die Verbrechen seiner kollaborierenden Kollegen?

Alles andere, die antiken Tische, die Mahagonikommoden, Buffets und Stühle, wurde von Hauptmann Sézille an seine Angestellten verkauft oder im Palais Berlitz für die vom IEQJ organisierte Ausstellung »Der Jude und Frankreich« verwendet.

In Floirac war das Szenario fast dasselbe, mit Besatzern und ohnmächtigen Zuschauern, die, wenn man sie hörte, der Familie nur helfen wollten, aber in Wirklichkeit die Gelegenheit beim Schopf packten.

1 Edmond war der jüngste Bruder meines Großvaters und von Beruf Ingenieur. Nach der Befreiung, noch bevor Paul wieder einen Fuß auf französischen Boden gesetzt hatte, stellte er eine Liste der verschwundenen Gegenstände auf.
2 Protokoll der Anwälte, Familienarchiv

Die Deutschen kamen am 15. September 1940 im Morgengrauen zum Castel in Floirac: Fünf Fahrzeuge mit deutschen Soldaten und Polizisten hielten vor dem Haus. Sie wollten mit Pauls Chauffeur Louis Le Gall sprechen, der seit Tagen vergeblich versuchte, den Spediteur Lamarthonie zum Transport der in Floirac zurückgebliebenen Gemälde nach Lissabon zu bewegen, darunter die *Seerosen* von Monet, einen Delacroix, mehrere Picassos, Légers, Matisses, Sisleys, Vuillards und Utrillos. In einem Brief vom 6. Juli 1940, drei Wochen nach seiner überstürzten Abreise aus Floirac, hatte Paul für Louis Le Gall eine Liste zusammengestellt, was er ihm schicken sollte, vor allem die fünfundsiebzig Bilder aus dem Castel. »Vergessen Sie die nicht, die in der Kiste über der Garage geblieben sind, und seien Sie so nett, nachzuschauen, ob nichts fehlt«, schrieb mein Großvater naiv.

Die Deutschen waren gut informiert und wussten bereits über alles Bescheid, über Louis wie alles andere. »Ich war verblüfft, wie viel sie über mich wussten«, sagte er später. Die Speditionsfirma Lamarthonie mit Sitz in Bordeaux, Cours du Chapeau-Rouge 17, sollte Koffer und Kisten in Empfang nehmen. Das tat sie nie, aber sie verlangte zweimal die Liste der Gegenstände und wollte die genaue Zahl der Bilder wissen. »Dann hat er mich davon in Kenntnis gesetzt, dass die Grenze geschlossen sei. Die Ansichten und die Haltung von Monsieur Lamarthonie und Monsieur und Madame Ledoux zu den Israeliten ließen mich vermuten, dass sie höchstwahrscheinlich für die Informationen [die die Deutschen über mich hatten] verantwortlich waren«, so die Aussage Louis Le Galls.*

* Protokoll der Anwälte, Familienarchiv

Die deutschen Polizisten durchsuchten das Haus von oben bis unten und brachten alles, was sie fanden, in die deutsche Botschaft in Paris, von wo es später ins Jeu de Paume transportiert und dann über Deutschland, Frankreich und die Schweiz zerstreut wurde.

Ein merkwürdiger Comte de Lestang und ein Mann namens Yves Perdoux, wahrscheinlich ein obskurer Händler, hatten den Nazis angeboten, ihnen die beiden Orte in der Gironde zu nennen (das Haus in Floirac und den Safe in Libourne), wo Paul seine Sammlung untergebracht hatte. Als Gegenleistung für diese Information verlangten sie zehn Prozent der Beute, die spektakulär zu werden versprach. Bevor sie die Adresse des Safes in Libourne verrieten, versuchten sie, ihren Preis noch einmal in die Höhe zu treiben, aber schließlich akzeptierten sie drei Pissarros und einen Renoir, was weit unter ihren Erwartungen lag. Aber diskutiert man auch mit den Nazis, selbst als Denunziant?

Wie verhielten sich die Ledoux in Wirklichkeit? Wahrscheinlich genauso wie die meisten, die den Raub beobachteten: ohnmächtig, aber oft auch gleichgültig, manchmal sogar mit eigennützigen Interessen. Die Nachkriegsprozesse sagen nichts darüber aus, ob die Ledoux Unterschlagungen begangen haben oder nicht – die Deutschen teilten ihren Raub nicht gern –, aber es ist mehr als wahrscheinlich, dass sie am Rande davon profitiert haben, und sei es auch nur, indem sie Louis Le Gall verboten, die Frachtstücke zu retten, die noch zu retten waren.

Madame Ledoux hat denn auch später, als man in einem Schuppen in ihrem Park unter Holzbündeln versteckt einige Objekte gefunden hat, ihre ersten Aussagen widerrufen: »Anders als ich behauptet habe, konnte ich (…) ein Bild von Renoir und eines von Degas, eine Kiste Silber und eine Kiste Bücher retten. Ich habe das getan, um sie nicht den Deutschen zu überlassen. Ich hatte die Absicht, sie so bald wie möglich Monsieur Rosenberg zurückzugeben.«[1]

Die Deutschen hatten das Anwesen bis zum 27. August 1944, als Bordeaux befreit wurde, besetzt. Monsieur Ledoux war wegen seiner Tätigkeit während der Besatzung eine Zeit lang im Lager von Mérignac inhaftiert, dann erhielten die Ledoux das Anwesen zurück, vergrößerten es in den Fünfzigerjahren und verkauften es dann an die Stadtverwaltung.

Monsieur Lamarthonie, der Spediteur, erklärte: »[Ich] weiß nichts von einem Auftrag, den ich 1940 von einem Monsieur Rosenberg oder seinem Vertreter erhalten haben soll. Es ist allerdings möglich, dass mein inzwischen verstorbener Prokurist einen solchen Auftrag erhalten hat, aber ich habe in meinen Unterlagen keinerlei Hinweise darauf gefunden.«[2]

Der Tresor der BNCI in Libourne, wo mein Grovater seine Bilder in Sicherheit glaubte, ist am 28. April 1941 auf Anweisung und in Gegenwart der Besatzungsbehörden aufgebrochen worden. Alles wurde in einen zweiten Tresor geschafft, und am 5. September 1941 nahm ein deutscher Offizier vom Einsatzstab Reichsleiter Rosenberg alle hundertzweiundsechzig Bilder mit. Die Werke wurden sofort nach Paris transportiert und waren somit den Begehrlichkeiten Görings ausgeliefert. Es handelte sich um bedeutende Bilder von Degas, Manet, Bonnard, Matisse, Braque, Picasso, Ingres, Corot, van Gogh, Cézanne, Renoir und Gauguin.

1 Protokoll der Anwälte, Familienarchiv
2 Ebd.

Die Bilder aus Libourne fanden sich später, gerade zur rechten Zeit, bei Pariser Händlern wieder. Andere landeten in der Schweiz und wurden erst nach mehreren Prozessen Pauls gegen schweizerische Händler zurückerstattet, die sich herzlich wenig für die Herkunft dessen interessiert hatten, was durch ihre Hände ging.

»Kein Fall«, schreibt Lynn Nicholas, »illustriert die Schwierigkeiten bei der Rückerstattung der gestohlenen und verkauften Gegenstände besser als der jahrzehntelange Kampf Paul Rosenbergs und seiner Erben, deren Eigentum sich nicht nur in Frankreich und Deutschland, sondern auch in neutralen Ländern wie der Schweiz befand.«[*]

Die schwierigste Schlacht war in der Tat auf schweizerischem Boden zu schlagen. Es ist ziemlich unwahrscheinlich, dass die schweizerischen Händler die Herkunft der Bilder nicht kannten, die in diesen Jahren durch ihre Hände gingen: Viele von ihnen trugen auf der Rückseite Etiketten des Einsatzstabs Reichsleiter Rosenberg, der sorgfältig registriert hatte, aus welcher Sammlung sie stammten.

Schon im September 1945, berichtet Lynn Nicholas, traf Paul in Zürich ein, mit einer Liste von Gemälden und ihren Fotos. Er ging direkt zu den Händlern, einem nach dem anderen. »Der Kunsthändler Theodor Fischer in Luzern hatte in Deutschland viele Bilder erworben, die Paul Rosenberg gehörten, und an Privatleute verkauft. Das entdeckte Paul Rosenberg schließlich und reichte Klage vor dem schweizerischen Bundesgericht ein. Sein Anspruch wurde bestätigt, und die Beklagten wurden dazu verurteilt, die von jedem einzelnen zu-

---

[*] Vgl. Lynn Nicholas, op.cit.

rückgeforderten Bilder an den Antragsteller zurückzugeben«[1] (es blieb ihnen überlassen, ihrerseits bei den Deutschen Regressansprüche geltend zu machen).

Pauls Rückforderungen betrafen siebenunddreißig Bilder, zweiundzwanzig davon waren in Fischers Besitz. In diesem Fall ist Pauls Verbissenheit verständlicher als im Fall der kleinen Gelegenheitsprofiteure.

Er entdeckte einen seiner Matisses in der Galerie Neupert, wo man ihm das Bild zum Kauf anbot, angeblich stammte es aus einer Privatsammlung! Er verfolgte die Spur zurück zu Emil Georg Bührle, einem Großindustriellen und Kunstsammler, »der überrascht war, mich zu sehen, denn er hatte beschlossen, dem Gerücht von meinem Tod zu glauben«, erzählte Paul später selbst. Er beschuldigte Bührle, wissentlich gestohlene Bilder gekauft zu haben. Bührle erwiderte, er werde sie Fischer zurückgeben, wenn der ihm sein Geld zurückzahle. Beide zusammen versuchten, Paul zu einem Handel zu überreden: Er könne achtzig Prozent seiner Bilder zurückhaben, wenn er ihnen die restlichen überlasse. »Aber Paul war auf einem Kreuzzug, er wollte eine offizielle Regelung auf Regierungsebene«[2], schreibt Lynn Nicholas, denn er war überzeugt, dass die Schweizer Regierung um jeden Preis würde verhandeln wollen, um negative Schlagzeilen zu vermeiden.

Genaues über das Schicksal seiner Bilder erfuhr mein Großvater erst nach dem Krieg, doch schon seit 1942 hatte er sich Gedanken über die in ganz Europa gestohlenen Kunstschätze gemacht, diesen Angriff auf das künstlerische Erbe des verwüsteten Kontinents. Er versuchte, auch die Alliierten da-

1 *Journal des tribunaux*, Genf, August 1948
2 Lynn Nicholas, op. cit.

für zu interessieren, und bot an, sich auf eigene Kosten und im Namen seiner gesamten Berufsgruppe an der Wiederbeschaffung zu beteiligen.

Gleich nach der Befreiung 1944 wollte er nach Paris, um sich auf die Jagd nach seiner verstreuten Sammlung zu begeben, aber der Kriegsminister gestattete den Franzosen die Rückkehr noch nicht. Sobald Paul die Maler, die ihm nahestanden, wieder erreichen konnte, bat er sie um Zertifikate. So telegrafierte er im November 1944 an Matisse: »Besitzen Sie Fotos der letzten Bilder, die ich von Ihnen gekauft habe, da alle von den Boches gestohlen und wieder verkauft wurden?«

Er bat ihn wie Braque und Picasso auch, zu bezeugen, dass er bei seinem Besuch in Floirac Ende Mai 1940 dieses und jenes seiner Bilder an den Wänden gesehen hatte, als Beweis, dass Paul gar nicht die Zeit hatte, sie vor seiner überstürzten Abreise noch selbst zu verkaufen…

Es war Aufgabe der Staaten, in denen diese Plünderungen stattgefunden hatten, die Besitzer der zurückerstatteten Bilder zu identifizieren. In Frankreich befasste sich die CRA, die Commission de récupération artistique, mit dieser Aufgabe. 1944 ins Leben gerufen, gehörten ihr vor allem Jacques Jaujard, der Direktor der nationalen Museen, und Rose Valland an, deren herausragende Rolle ich schon erwähnt habe.

Die CRA erstattete die in dem in Aulnay gestoppten Zug gefundenen Bilder ziemlich schnell ihren rechtmäßigen Eigentümern zurück, kurz darauf weitere, die in Bayern im Schloss Neuschwanstein gelagert waren. Dreiunddreißig davon schenkte Paul zum Dank französischen Museen, darunter dem Louvre.

Die von den Alliierten gefundenen Werke, deren Besitzer

nicht hatten identifiziert werden können, tragen heute noch den Stempel MNR.[1] Ich wage es kaum zu sagen, aber in den Kellern berühmter französischer Museen liegen immer noch nicht zurückgeforderte Bilder, deren Besitzer nicht identifiziert werden konnten oder in den Lagern verschwunden sind und deren Erben bei intensiven Nachforschungen vielleicht eines Tages doch noch aufgestöbert werden könnten. Die Museen machen im Übrigen auch keinen Hehl daraus: Sie warten auf die Rückkehr von Menschen, die nicht wiederkommen werden.

All diese Schlachten gegen die großen und kleinen Fische in Paris und in der Schweiz gaben Paul nach langen Jahren des Wartens das Gefühl, wieder handeln zu können. Er verschaffte sich wieder Recht. Natürlich war ihm klar, dass diese Streitereien lächerlich waren im Vergleich zur Katastrophe der Shoah, deren Grauen allmählich ans Licht kam. Im April 1945 schrieb er: »Wir haben ein paar Bilder zurückbekommen, die die Deutschen oder unredliche Franzosen gestohlen hatten. Aber ich will mich nicht beklagen, das ist nichts im Vergleich zu den Gräueln, die die Nazis menschlichen Wesen jeglicher Rasse, Religion und Hautfarbe angetan haben.«[2]

Wie die anderen bestohlenen Händler verlangte er Schadensersatz von der Bundesrepublik Deutschland, die im Juli 1957 ein Gesetz verabschiedet hatte, das finanzielle Entschädigungen für die Verluste infolge des staatlichen Raubs vorsah. Zwei Jahre später, 1959, boten die Deutschen weniger als die Hälfte des geforderten Betrags. Paul war inzwischen gestorben, und meine Großmutter, mein Onkel und meine Mutter, dieser ganzen Verfahren überdrüssig, nahmen den Vergleich an.

1 Musées Nationaux Récupération, siehe S. 57, Fußnote.
2 Familienarchiv

1970 und 1980 kam das Thema Rückerstattungen wieder auf die Tagesordnung, und meine Mutter und ihre Schwägerin forderten Gemälde von Monet und Léger zurück.

Alexandre entschied sich 1970 sogar dafür, einen Degas von den Leuten zurückzukaufen, die ihn unrechtmäßig besaßen: »Es gefällt mir nicht besonders, die Nachkommen von Dieben reicher zu machen«, sagte er, wie Lynn Nicholas berichtet, »aber ich habe schließlich gelernt, dass es sich mit der Wahrung der eigenen und der Familieninteressen ähnlich verhält wie mit der Politik und genauso wie mit dem Leben: im Wesentlichen geht es um die Kunst des Möglichen.«

Der Kampf um die Rückerstattung seines Eigentums, der die letzten Lebensjahre meines Großvaters ausfüllte, war sicher legitim, aber ich verstehe, dass er Menschen, deren Angehörige in den Krematorien von Auschwitz verschwunden sind, erst recht Menschen, die von dort zurückgekehrt sind, ungehörig erscheint. Sein Leben und das seiner Familie waren verschont geblieben, sein Sohn war als Held der 2. Panzerdivision Leclercs zurückgekehrt, und ihm blieben noch genug Bilder, um wieder Geschäfte zu machen und gut davon zu leben!

Ohne Küchenpsychologie zu treiben, glaube ich sagen zu können, dass ihn der Wunsch antrieb, die Diebe für ihre Taten bezahlen zu lassen, auf seine Art zur Erinnerungsarbeit beizutragen und die Wahrheit ans Licht zu bringen. Vielleicht hatte er sich den Satz von Michel de Certeau über die Arbeit des Historikers zu eigen gemacht, den Annette Wieviorka am Ende ihres Beitrags für die Mattéoli-Kommission zitiert: Sie sei »ein Begräbnis für die Toten, damit sie weniger traurig in ihre Gräber zurückkehren«.

EPILOG

ALS ICH DIESES BUCH BEGANN, glaubte ich nicht, dass es mich so weit forttragen würde. Ich wollte keine Biografie meines Großvaters schreiben, sondern einige Impressionen, eine Erinnerung, eine kleine Hommage an ihn.

An diesen gestern so fremden, jetzt unglaublich vertrauten Großvater.

An eine Welt, die der Malerei, von der ich mich hatte fernhalten wollen und von der in diesem Maß geprägt worden zu sein ich mir nicht bewusst gewesen war. Sie ist mir mit jedem Karton, den ich als Reaktion auf einen in behördlichen Aberwitz umgeschlagenen Sicherheitswahn öffnete, wieder zugänglich geworden.

An eine vergessene Epoche, die eines rühmlichen Frankreich, das zu Beginn des 20. Jahrhunderts eine glanzvolle Republik der Künste war.

An eine andere Epoche, die die »Welt von gestern«* aus den Angeln gehoben, Europa verwüstet, den ganzen Planeten überrannt und Millionen von Menschen das Leben gekostet hat.

An eine Familie, die meine, die ich letztlich – wenn man mir die Anleihe bei Jean-Paul Sartre gestattet – beschreiben

---

* *Die Welt von gestern. Erinnerungen eines Europäers* ist für mich eines der schönsten Bücher von Stefan Zweig, sein letztes.

könnte als ›aus dem Zeug aller Familien gemacht und die so viel wert ist wie sie alle‹ … Aber eine Familie, die mir näher ist, als ich geglaubt hätte, und der ich mehr verdanke, als ich dachte.

Im Mai 2011 sah ich mich wegen schmerzlicher Umstände wieder gezwungen, in New York zu leben, plötzlich gewissermaßen eine Gefangene Amerikas.

Die Stadt New York, die mir in meiner Kindheit verzaubert erschien, wurde für mich und die Meinen auf einmal gleichbedeutend mit Gewalt und Ungerechtigkeit.

Es machte mir kaum noch Vergnügen, durch ihre Straßen zu schlendern.

Natürlich bin ich wieder in der 57. Straße gewesen, auf dem Bürgersteig zwischen Fifth und Madison Avenue, an dem sich einst die erste Galerie Rosenberg befand und heute ein Luxusladen an den anderen reiht. Ich war auch in der 79. Straße vor dem Haus der letzten Galerie der Familie in der Upper East Side, die ich heute erstaunlich banal finde.

Ich bin durchs MoMA spaziert, wo im Saal der Impressionisten, der so reich ist an überwältigenden Kunstwerken, jenes Porträt hängt, das ich so liebe: das des Postmeisters Joseph Roulin, van Goghs Freund und Modell mit dem grau gesprenkelten Bart, der an seiner Mütze stolz das Schild »Postes« trägt und den Betrachter unverwandt anblickt. Dieses Bild haben meine Großeltern dem Museum geschenkt, als Dank an das Land, das ihnen Zuflucht geboten und erlaubt hatte, ihre Würde wiederzugewinnen. Soll ich ihm von jetzt an wegen einer besonders leidvollen Episode böse sein?

Das ist eine andere Geschichte, gewiss, aber ich war nicht

darauf gefasst, dass diese Seiten, die mit einer in Frankreich an-
gezweifelten Identität begannen, mit einem traurigen Zwangs-
aufenthalt in den USA enden würden. Auch nicht darauf, dass
die süßen Kindheitserinnerungen mit dem Chaos der Wirklichkeit zusammenprallen. Als Journalistin könnte ich vielleicht ein Buch darüber schreiben …

DANKSAGUNG

Die in diesem buch zitierten Briefe und Äußerungen Paul Rosenbergs sind alle unveröffentlicht. Sie sind zum großen Teil meinen eigenen Unterlagen und denen meiner Tante Elaine Rosenberg entnommen. Ihr gilt hier mein besonderer Dank, ebenso meiner Cousine Elisabeth Rosenberg-Clark. Sie haben mir die Kartons zugänglich gemacht, in denen ich viele Dokumente der Galerie meines Großvaters vor und nach dem Krieg gefunden habe. Sie werden von meiner Tante in New York aufbewahrt und sollen später dem MoMA übergeben werden.

Dank auch an Anne Baldassari, die Direktorin des Musée Picasso, die mich vor den Umbauarbeiten, derentwegen das Museum über zwei Jahre lang geschlossen war, tagelang in der Museumsbibliothek beherbergt hat, damit ich die Fülle von Briefen Paul Rosenbergs an Pablo Picasso durchsehen konnte, die Picassos Familie dem Museum geschenkt hat. Begeistert und großherzig hat sie mir gestattet, Auszüge daraus wiederzugeben.

Wanda de Guébriant, die Leiterin des Matisse-Archivs im einstigen Haus des Malers in Issy-Les-Moulineaux, hat mir den Nachlass von Henri Matisse zugänglich gemacht und erlaubt, aus der Korrespondenz zu zitieren, die ebenfalls unveröffentlicht ist. Dafür sei ihr an dieser Stelle herzlich gedankt.

Schließlich möchte ich auch Didier Schulmann nennen, den Konservator des Musée national d'art moderne im Centre Pompidou, der mir freundlicherweise die fotografischen Dokumente von den Ausstellungen der Galerie Rosenberg zugänglich gemacht und ihrer Reproduktion in diesem Buch zugestimmt hat.

BIBLIOGRAFIE

PIERRE ASSOULINE, *Le dernier des Camondo*, Paris 1999

PIERRE ASSOULINE, *L'Homme de l'art, D.-H. Kahnweiler 1884–1979*, Paris 1989

JOSEPH BILLIG, *Le Commissariat général aux Questions juives, 1941–1944*, 3 Bde., Paris 1955

MARC BLOCH, *L'Étrange Défaite*, Paris 1946 (dt. *Die seltsame Niederlage: Frankreich 1940 – der Historiker als Zeuge*, Frankfurt/M. 1992)

PIERRE CABANNE, *Le siècle de Picasso*, Paris 1992

ERIC CONAN, HENRY ROUSSO, *Vichy, un passé qui ne passe pas*, Paris 1994

PIERRE DAIX, *Dictionnaire Picasso*, Paris 1995

ALEX DANCHEV, *Georges Braque, A Life*, New York 2005

CÉCILE DESPRAIRIES, *Paris dans la Collaboration*, Vorwort von Serge Klarsfeld, Paris 2009

CÉCILE DESPRAIRIES, *Ville lumière, Années noires. Les lieux du Paris de la Collaboration*, Vorwort von Pierre Assouline, Paris 2008

LAURENCE BERTRAND DORLÉAC, *L'Art de la défaite, 1940–1944*, Paris 1993

DAVID DOUGLAS DUNCAN, *Goodbye Picasso*, New York 1974 (dt.: *Adieu Picasso*, Stuttgart, Hamburg, München 1975)

LAURENT FABIUS, *Le Cabinet des douze. Regards sur les tableaux qui font la France*, Paris 2010

HECTOR FELICIANO, *Le Musée disparu, enquête sur le pillage d'œuvres d'art en France par les Nazis*, Austral 1995, wiederaufgelegt bei Gallimard 2009 (dt.: *Das verlorene Museum: vom Kunstraub der Nazis*, Berlin 1998)

MICHAEL C. FITZGERALD, *Making Modernism: Picasso and the Creation of the Market for Twentieth-Century Art*, Berkeley 1995

DAN FRANCK, *Minuit*, Paris 2010

MALCOLM GEE, *Dealers, Critics and Collections of Modern Painting. Aspects of the Parisian Art Market between 1910 and 1930*, New York und London 1981

RENÉ GIMPEL, *Journal d'un collectionneur, marchand de tableaux*, Paris 1963

CHRISTOPHER GREEN, *Cubism and its Enemies. Modern Movements and Reaction in French Art 1916-1928*, New Haven und London 1981

LAURENT JOLY, *Vichy dans la ›Solution finale‹, Histoire du Commissariat général aux Questions juives (1941–1944)*, Paris 2006

ISABELLE LE MASNE DE CHERMONT, DIDIER SCHULMANN, »Le pillage de l'art en France pendant l'Occupation et la situation des 2000 œuvres confiées aux musées nationaux«, contribution du Musée Centre Pompidou aux travaux de la Mission d'etude sur la spoliation des Juifs de France, Paris 2000

NEIL LEVY, »Judge for yourselves!«, the »Degenerate Art Exhibition« as Political Spectacle, in: *October* Nr. 85, Sommer 1998, 41–64

CLAUDE LÉVY, PAUL TILLARD, *La Grande Rafle du Vél d'Hiv,* Paris 1967 (dt.: *Der schwarze Donnerstag: Kollaboration und Endlösung in Frankreich,* Freiburg und Olten 1968)

EMMANUELLE LOYER, *Paris à New York. Intellectuels et artistes français en exil (1940–1947),* Paris 2005

MICHAEL MARRUS, ROBERT PAXTON, *Vichy France and the Jews,* Stanford 1995

PIERRE NAHON, *Les Marchands d'art en France, XIXe et XXe siècles,* Paris 1998

LYNN NICHOLAS, *The Rape of Europa,* London 1994 (dt.: *Der Raub der Europa,* München 1995)

PIERRE PÉAN, *Une jeunesse française – François Mitterand, 1934–1947,* Paris 1994 (dt.: *Eine französische Jugend,* München 1995)

ROLAND PENROSE, *Picasso, His Life and Work,* Berkeley und Los Angeles 1958 (dt.: *Picasso: Leben und Werk,* München 1961)

PAUL ROSENBERG, »French artists and the war«, in: *Art in Australia,* Dezember 1941 – Januar 1942

FRANÇOISE DE STAEL, *Nicolas de Stael, catalogue raisonné de l'œuvre peint,* Neuchâtel 1997

TÉRIADE, in: *Cahiers d'Art* Nr. 10, 1927

ROSE VALLAND, *Le Front de l'art,* Paris 1961, Neuauflage 1997

AMBROISE VOLLARD, *En écoutant Cézanne, Degas, Renoir,* Paris 2003

BILDNACHWEIS

Die Originalausgabe erschien 2012 unter dem Titel
»21 Rue La Boétie« bei Éditions Grasset & Fasquelle, Paris.

Verlagsgruppe Random House FSC® N001967

2. Auflage
Genehmigte Taschenbuchausgabe Mai 2016,
btb Verlag in der Verlagsgruppe Random House GmbH,
Neumarkter Str. 28, 81673 München
Copyright © der Originalausgabe by
Éditions Grasset & Fasquelle, Paris 2012
Copyright © der deutschsprachigen Ausgabe by
Verlag Antje Kunstmann GmbH, München 2013
Umschlaggestaltung: semper smile, München
nach einer Umschlaggestaltung von © Michel Keller, München
Umschlagmotiv: Anne Sinclair Privatarchiv
Druck und Einband: GGP Media GmbH, Pößneck
LW · Herstellung: sc
Printed in Germany
ISBN 978-3-442-74888-4

www.btb-verlag.de
www.facebook.com/btbverlag